教育部人文社会科学研究规划基金项目（18YJA820019）研究成果

中国传统文化中的法治基因及其现代意义

王运红 ◎ 著

中国科学技术大学出版社

内 容 简 介

本书为教育部人文社会科学规划基金项目"中国传统文化中的法治基因及其现代意义研究"的成果。本书通过对中国传统文化的梳理与分析，从法治的视角透视中国传统文化中蕴含法治因子的天道、礼制以及民本思想；将法治的"基因"与其"生长环境"分开来进行研究分析，可以使读者清晰地看出法治研究领域里的"激进主义"与"保守主义"争论之实质；通过研究分析中国传统文化中"法治基因"的政治、社会、经济环境，揭示出中国法治建设的根本症结不在于缺乏"法治基因"，从而否定了法治研究领域的历史虚无主义。本书对于弘扬中国优秀传统文化、增强民族文化自信有重要意义。

图书在版编目(CIP)数据

中国传统文化中的法治基因及其现代意义/王运红著. —合肥：中国科学技术大学出版社，2023.8
ISBN 978-7-312-05740-3

Ⅰ. 中⋯ Ⅱ. 王⋯ Ⅲ. 中华文化—研究 Ⅳ. K203

中国国家版本馆 CIP 数据核字(2023)第 130734 号

中国传统文化中的法治基因及其现代意义
ZHONGGUO CHUANTONG WENHUA ZHONG DE FAZHI JIYIN JI QI XIANDAI YIYI

出版	中国科学技术大学出版社
	安徽省合肥市金寨路 96 号,230026
	http://press.ustc.edu.cn
	https://zgkxjsdxcbs.tmall.com
印刷	安徽省瑞隆印务有限公司
发行	中国科学技术大学出版社
开本	710 mm×1000 mm 1/16
印张	10.25
字数	207 千
版次	2023 年 8 月第 1 版
印次	2023 年 8 月第 1 次印刷
定价	68.00 元

前　言

本书为2018年度教育部人文社会科学研究规划基金项目"中国传统文化中的法治基因及其现代意义研究"(项目批准号:18YJA820019)的成果。

文化传统具有鲜明的民族性。一个民族,如果丧失了本民族自身的文化传统,那么它也就失去了作为一个民族区别于其他民族的一项重要表征,也会失去其民族凝聚力。本书从中国传统文化的灵魂、核心内容、哲学基础、学说来源四个角度透视中国传统文化的特质,从中探寻可以为当今法治建设提供借鉴的因素。

"天道观"是中国传统文化的核心之一,它决定了中国传统文化的内容和特色;"礼"是中国传统文化的核心内容,礼法融合是中国传统文化发展的主线;"民本主义"是中国传统文化的哲学基础;中国传统文化的学说来源以儒家思想为主导,同时融合了法、道、释等各派学说。

法治作为人类制度文明的一项伟大成果,首先是以思想学说和文化传统的形式存在于人类社会当中的,或可称为"法治基因"。中国传统文化凝聚着人类共同的精神追求,其中不乏丰富的"法治基因"。比如就法治的价值根基而言,中国传统文化中有系统的"天道"理论;就法治的最高规则而言,有存续千年的"经国家、定社稷、序民人、利后嗣"的"礼";而"民本主义"则是法治隐性约束作用(自省、自警)和刚性强制作用(水与舟的载覆关系)的综合体现。

法治的文化基因有着不同的表现形式。中国传统文化中的权力制约模式与西方法律文化中的权力制约模式是不一样的。中国传统文化采用的是"以道德制约权力"的模式,而西方法律文化采用的则是"以权力制约权力"

的模式,集中体现为权力的分立。道德的制约机制表现为以一种柔性的力量去驯化一种刚性的力量,它虽然是潜移默化、缓慢地起作用,但效果却可能是巨大、持久的。

  法治中国的建设,要从传统文化中找寻精华,要挖掘传统文化中的宝贵资源。中国传统文化历史悠久,博大精深的文化体系里包含着很多优秀的成分。我们要从现实国情出发,对传统文化中的优秀成分进行创造性转化,为法治中国建设和民族文化自信提供深厚的文化根基。

王运红

2023 年 3 月 15 日

目　　录

前言 …………………………………………………………………（ⅰ）

引子　文化遗传学对传统中国法治研究的启示 …………………（1）

第一章　研究基础 ………………………………………………（3）
第一节　基本概念界定 ……………………………………………（3）
第二节　法治基因的产生及其表现形式 …………………………（10）

第二章　中国传统文化概述 ……………………………………（19）
第一节　中国传统文化的特质 ……………………………………（19）
第二节　关于中国传统文化积极因素的探索 ……………………（26）
第三节　中国传统文化的现代意义 ………………………………（34）
第四节　正确认识中国传统文化 …………………………………（38）

第三章　天道观中的法治基因 …………………………………（45）
第一节　天道之源 …………………………………………………（45）
第二节　天道之流变 ………………………………………………（48）
第三节　道高于君：权力之上的至高规范 ………………………（55）
第四节　天道观制约权力的文献记载 ……………………………（61）
第五节　天道——中国传统法律的价值之源 ……………………（63）
第六节　法治视角下的天道观 ……………………………………（66）

第四章　礼文化中的法治基因 …………………………………（69）
第一节　礼的起源 …………………………………………………（69）
第二节　礼的发展 …………………………………………………（70）
第三节　礼在中国历史上的重要作用 ……………………………（75）

第四节　宪法学视角下的礼…………………………………………（78）
　　第五节　礼对君主权力制约的体现……………………………………（86）

第五章　民本思想中的法治基因……………………………………（92）
　　第一节　民本思想的产生及其发展演变………………………………（93）
　　第二节　法治视角下的民本思想………………………………………（99）
　　第三节　民本思想制约君主权力的表现………………………………（107）
　　第四节　民本思想在权利保护方面的体现……………………………（113）
　　第五节　中国传统文化中朴素的人权思想……………………………（118）

第六章　中国传统文化中法治基因的现代价值……………………（124）
　　第一节　中国传统文化有关法律起源理论的阐释及其现代价值……（124）
　　第二节　中国传统文化中的立法思想及其现代价值…………………（128）
　　第三节　中国传统文化中的执法思想及其现代价值…………………（130）
　　第四节　中国传统文化中的司法思想…………………………………（135）
　　第五节　中国传统司法实践中的高超智慧……………………………（139）

第七章　文化基因论视角下的中国传统文化及其创造性转化……（143）
　　第一节　文化遗传学的启示——拓宽法治研究途径的尝试…………（143）
　　第二节　正确认识法治在构建现代和谐社会中的作用………………（146）
　　第三节　中国传统法律文化的创造性转化……………………………（148）

参考文献………………………………………………………………（151）

引子　文化遗传学对传统中国法治研究的启示

亚里士多德（Aristotle，公元前384年～前332年）是最早系统论述法治理论的思想家，其法治思想影响至今。他认为理想的政体必须是法治的政体，这是因为"人在达到完美境界时，是最优秀的动物，然而一旦离开了法律和正义，他就是最恶劣的动物"①。近代宪法的产生使法治说臻至完美的形态，法律至上是近代以来确定的法治原则。詹宁斯（W. I. Jennings）总结近代法治传统时指出，"其时，人们认为有必要扩大法治的观念和范围。法治原则不再仅仅是公民的准则，而且更成了统治者所需要遵循的准则"②。法治不仅是一种治国思想，而且是一种政治体制。1999年中国修改宪法，把"中华人民共和国实行依法治国，建设社会主义法治国家"写进了现行《中华人民共和国宪法》，更强化了当代中国建设法治国家的权威性。

文化遗传学（文化基因论）是借鉴生物遗传学上的理论成果，将基因理论应用于文化研究领域的一门学科。这门学科的基本理论对传统中国法治问题的研究有很大的启发作用。根据文化基因论的基本观点，法治作为人类制度文明的一项伟大成果，首先以思想学说和文化传统的形式存在于人类社会当中，或可称为"法治基因"。法治首先是以"基因"这种潜在形式长期发展传承的，只是到了近代资产阶级革命成功之后，"法治基因"有了适宜的政治、经济、社会环境，才终于完成由"基因型"向"表现型"（法治的制度表现及治理实践）的突破。

中国传统文化中凝聚着人类共同的精神追求，只要我们客观理性地去研究历史，并不难发现传统文化对现代化制度建设的积极影响，中国传统文化中并不缺乏丰富的"法治"因子。比如就法治的价值根基而言，中国传统文化中有系统的"天道"理论；就法治的最高规则而言，有存续千年的"经国家、定社稷、序民人、利后嗣"的"礼"；而"民本主义"则是法治隐性约束作用（自省、自警）和刚性强制作用（水与舟的载覆关系）的综合体现。

尽管上述法治基因与现代人所熟知的西方文化中的法治基因有所不同，但其

---

① 萨拜因：《政治学说史》，商务印书馆，1986，第127页。
② 詹宁斯：《法与宪法》，三联书店，1991，第32页。

制约权力的根本宗旨是一致的,只不过中西法治实现的方法与途径不同而已。中国传统文化比较强调人们"善性"的弘扬、依靠统治者自身的修养和"天谴"理论来遏制权力的滥用;西方文化传统则比较强调法律对人之"恶性"的遏制,强调通过完善的制度设计和运行制约权力,从而实现社会公正与和谐……限制权力有不同的手段,这说明法治基因有着不同的表现形式,尽管它们表面特征各异,但根本目标是完全一致的,那就是:遏制权力的滥用。从这一角度来看,中国传统文化中有许多蕴含法治基因的积极资源。当然,我们同时也要清醒地认识到,这些资源在绝大多数情况下都是作为一种理想状态的追求以思想学说的形式存在和传承的,而且由于各种历史条件的限制,这些思想在大多数情况下也只能以非常隐晦的方式表达出来,其历史性和阶级性的局限是需要我们在研究中时刻注意的。

第一章 研究基础

第一节 基本概念界定

一、文化

中国人论述"文化",比西方人要早得多,《周易》有所谓:"观乎天文以观时变;观乎人文,以化成天下。"这大概是中国人论述"文化"之始,但其中"文化"一词尚未联结在一起。在中国人此时的观念中,"文化"的含义是通过了解人类社会的各种现象,用教育感化的方法治理天下。到汉朝,"文化"一词正式出现,其含义也与现在人们通常理解的不一样。刘向所著《说苑·指武篇》中说:"凡武之兴,为不服也,文化不改,然后加诛。"晋人束皙也讲"文化内辑,武功外悠",这些都指的是与国家军事手段相对的一个概念,即国家的文教治理手段。到唐代,孔颖达则别有见地地解释《周易》中的"文化"一词,认为"圣人观察人文,则诗书礼乐之谓",这实际上是说"文化"主要是指文学礼仪风俗等属于上层建筑的东西。古人对文化的这种规定性从汉唐起一直影响到清代,因此明末清初时期,顾炎武在《日知录》中说"自身而至于家国天下,制之为度数,发之为音容,莫非文也",即人自身的行为表现和国家的各种制度,都属于"文化"的范畴。

西方"文化"一词主要来源于拉丁文的"cultura",在1690年安托万·菲雷蒂埃所著的《通用词典》中,"文化"的定义为"人类为使土地肥沃,种植树木和栽培植物所采取的耕耘和改良措施"。此时西方人观念中的"文化"只是被用来隐喻人类的某种才干和能力,是表示人类某种活动形式的词语。

而"文化"一词成为一个完整体系的表示方式,即术语,大约形成于19世纪中叶。"文化"作为术语最早出现在文化人类学的著作当中,因为文化人类学正是以人类文化为研究对象的。1871年,英国文化人类学家爱德华·泰勒在《原始文化》

一书中,第一次把文化作为一个中心概念提了出来,并将它的含义系统地表述为:"文化与文明,就其广泛的民族学意义来讲,是一个复合的整体,包括知识、信仰、艺术、道德、法律、风俗以及作为一个社会成员的人所习得的其他一切能力和习惯。"① 这是对"文化"的一个经典性界定。

之后,文化的概念经历了一个由浅入深、由简单到复杂、由片面不断走向全面的过程。文化人类学在其历史发展中先后经历了文化进化论学派、文化历史-批评学派、文化功能学派、结构主义人类学派和符号文化学派。这些先后相继的学派对文化的概念都有着自己的解说。② 文化进化论学派对文化的界定以上述爱德华·泰勒的定义为代表。文化历史-批评学派从经验主义的立场对文化进行定义:文化是一个部落生活样式或思想与行为的集合体。③ 文化功能学派则从人的需要出发来界定文化,其代表人物英国文化学家马林诺夫斯基认为:"文化是包括一套工具及一套风俗——人体的或心灵的习惯,它们都是直接地满足人的需要。"④ 结构主义人类学派将人类学对于文化的认识大大向前推进了一步,它不再停留于文化的现象和具体性上,而是从深层结构上来理解文化,其代表人物列维·斯特劳斯认为,人之所以成为人是因为"文化",但文化不是特殊的、表面的、理性的东西,文化是深层的普遍的存在,是社会和文化关系中的无意识结构。符号文化学派则把文化看作一种符号体系,符号有其感性形式和其内在意义。由符号的感性形式可以引申出文化的显型式样或表层结构,由符号的内在意义可以引申出文化的隐型式样或深层结构。文化的基本核心由两部分组成:一是传统的思想,二是与它们有关的价值。⑤

1952年,美国文化学家克罗伯和克拉克洪发表了《文化:概念和定义的批评考察》一文,对西方自1871年至1951年间关于文化的160多种定义作了清理与评析,并在此基础上给文化下了一个综合定义:"文化由外显的和内隐的行为模式构成;这种行为模式通过象征符号而获致和传递;文化代表了人类群体的显著成就,包括他们在人造器物中的体现;文化的核心部分是传统的(即历史的获得和选择的)观念,尤其是它们所带来的价值;文化体系一方面可以看作活动的产物,另一方面则是进一步活动的决定因素。"这一文化的综合定义基本为现代东西方的学术界所认可,有着广泛的影响。

马克思主义理论家对文化作了一种新的解释。罗森塔尔·尤金所编的《哲学小辞典》认为,文化"是人类在社会历史实践过程中创造的物质财富和精神财富的

---

① 爱德华·泰勒:《原始文化》,连树声译,浙江人民出版社,1988,第1页。
② 刘进田、李少伟:《法律文化导论》,中国政法大学出版社,2005,第97页。
③ 庄锡昌:《文化人类学的理论构架》,浙江人民出版社,1988,第6页。
④ 马林诺夫斯基:《文化论》,中国民间艺术出版社,1987,第14页。
⑤ 庄锡昌:《多维视野中的文化理论》,浙江人民出版社,1988,第116页。

总和"。1964年出版的《哲学百科全书》给出的定义是:"文化是社会在其物质和精神发展中取得成果的总和。"①但是,随着文化学研究的发展,这一定义遭到了一些学者的批评。他们认为传统的文化定义"带有静止的性质,类似'博物馆''贮藏库',而不是活生生不断变化的过程"②。1973年第3版《苏联大百科全书》,关于"文化"的定义有了完全改变,指出文化有广义、狭义之分,广义用于文明;"'文化'这个术语从狭义来看,仅仅指人们的精神生活领域"③。

20世纪初期,我国有许多文化人士也开始关注对文化问题的研究。影响最大的是梁漱溟先生《东西文化及其哲学》一书。在这本书中,梁漱溟认为:"文化并非别的,乃是人类生活的样法。"这一说法和美国著名人类学家威斯勒将文化解释为mode of life(生活样式)如出一辙。它明明白白地告诉我们,文化就是一种"活法"!因为有不同的"活法",所以也就有不同的文化。

关于文化的定义是如此繁杂,无怪乎有人感叹:"在这个世界上,没有别的东西比文化更难捉摸。我们不能分析它,因为它的成分无穷无尽;我们不能叙述它,因为它没有固定形状。我们想用文字来界定它的意义,这正像要把空气抓在手里似的。当我们去寻找文化时,除了不在我们手里以外,它无所不在。"④凡是人类历史所创造、积淀的非自然之物,凡是文明成果中那些历经社会变迁和历史沉浮而难以泯灭的、稳定的、深层的、无形的东西,都属于文化。文化的核心是意义、价值、态度,不同种族、不同民族的人有不同的文化。

二、文化传统

文化发展的基本规律是文化的积累性和文化的变革性。每一代人都会在继承前人文化的基础上,增加新的内容,这是文化的积累性;同时,文化又随着社会经济、政治的变革发生变化和革新,这是文化的变革性。当我们考察历史上文化的积累和变革时,会发现一些相对稳定、长期延续的内在要素,它们在文化的积累中一再被肯定,在文化的变革中也仍然被保留,我们把这样的东西称为"文化传统"。

任何文化,只要有历史就会有传统,传统实际上就是文化本质的一种延续,文化的发展就是文化在传统中的发展,具体而言,我们可以将一切经由历史所流传下来的思想、道德、风俗、心理、文学、艺术、制度等人文现象都称作文化传统。它是

---

① 瓦维林、弗法诺夫:《历史唯物主义与文化范畴》,雷永生、邱守娟,译,河北人民出版社,1987,第2-3页。
② 同上。
③ 同上。
④ 丁春华:《文化程序——研究文化的新视角》,《天府新论》2007年第2期。

"人类创造的不同形态的物质经由历史凝聚沿袭下来的诸多文化因素的复合体"①,也可以说是"某一地区或民族由其历史延续积淀下来的具有一定特色的文化观念、思维方式、伦理道德、情感方式、心理特征、语言文学以及风俗习惯的总和"②。每一个民族、每一个时代都有自己的传统,在人类社会初期,文化的传统犹如源头之水,是细微的,随着时代的发展、人类文明的进步,创造的文明越多,传承的东西也就越多。

民族的文化传统是长期积淀的结果,所以,"一般说来,文化传统是一种惰性力量。它规范着人们的思维方法,支配着人们的行为习俗,控制着人们的情感抒发,左右着人们的审美趣味,规定着人们的价值取向,悬置着人们的终极关怀"。也正因如此,"文化传统便成了一种无声的指令、凝聚的力量、集团的象征。没有文化传统,我们很难想象一个民族能够如何存在,一个社会能够如何不涣散,一个国家能够如何不崩解"③。

当然这并非说文化传统是不变的。因为时间在前进,生活在交替,经验在累积,知识在更新,传统中某些成分会变得无所可用而逐渐淡化以致衰亡;生活中某些新的因素会慢慢积淀,并经过筛选整合成传统的新成分。正如黑格尔所指出的:"传统并不仅仅是一个管家婆,只是把它所接受过来的忠实地保存着,然后毫不改变地保持着并传给后代。它也不像自然的过程那样,在它的形态和形式的无限变化与活动里,仍然永远保持其原始的规律,没有进步。"④每个民族的文化传统,都是在与现实生活的互动中,展现自己,发展自己。不仅如此,文化传统还会因为受到外部世界的影响而改变自己的内容。不同民族的不同文化传统由于通婚、交通、贸易、扩张、侵略等原因而接触、交流、整合,是历史和现实已反复证明并仍在证明着的。但是必须注意,文化传统的变化无论如何总是缓慢的、渐进的,不会发生一蹴而就的奇迹,甚至在社会急剧变幻的革命时期也是如此。

由于文化传统的差异,不同民族形成了不同的文化类型和特点,其不同程度由生活的差异程度和发展阶段而定。不同文化传统之间可以进行比较,但很难作出绝对的价值判断;因为每个传统对于自己的民族来说,都是自如的,因而也是合适的;不同民族之间,并无一个绝对标准。

---

① 张立文:《中国传统文化及其形成和演变》,载张立文等编《传统文化与现代化》,中国人民大学出版社,1987,第23页。
② 严建文:《论传统与民族文化心理结构》,载《断裂与继承》,上海人民出版社,1987,第56页。
③ 庞朴:《文化传统与传统文化》,《中国科学人》2003第4期。
④ 黑格尔:《哲学史讲演录》第一卷,商务印书馆,1983,第7页。

三、法律文化

（一）法律文化的含义

总体来看，国内外学者对于法律文化的界定一般是基于以下几种视角进行的。

第一种是法理学的视角，即将法律文化看作"法律中的文化"。

如，武树臣教授认为："'法律文化'是支配人类法律实践活动的价值基础和这个价值基础被社会化的运行状态。"[①]他把人类法律实践活动的总体精神称为"法统"，把法律实践活动的宏观样式称为"法体"。他认为"法律文化"的研究正是以"法统"和"法体"为两个尺度，对古往今来的人类法律实践活动进行地域的和历史的划分，通过横向、纵向的比较，探讨人类法律实践活动的规律性并预见其未来。

又如，公丕祥教授认为："法律文化是在一定社会物质生活条件的作用下，掌握国家政权的统治阶级所创制的法律规范、法律制度或者人们关于法律现象的态度、价值、信念、心理、感情、习惯以及学说理论的复合有机体。"[②]

第二种是文化学的视角，即将法律文化看作"文化中的法律"，以社会文化系统作为参照系，把法律文化视为一般文化中与法律现象有关的子系统。

如，刘作翔教授认为："法律文化是人类文化系统中不可缺少的一个组成部分，是社会精神文明的重要构成；法律文化是人类在漫长的文明进步过程中从事法律活动所创造的智慧结晶和精神财富，是社会法律现象存在与发展的文化基础。法律文化是由社会的物质生活条件所决定的法律上层建筑的总称。即法律文化是法律意识形态以及与法律意识形态相适应的法律制度、组织机构等的总和。"[③]

又如，俞荣根教授认为："法律不仅由经济决定，受政治影响，它的面貌与特性还来自文化的遗传，无论是立法还是司法，也不管是法律研究还是日常的法律实践，都离不开一定的文化因子，都应当具有文化学的视野、思维方式和价值取向，把法看作活生生的人类文化生命形态中的一个部分、一个系统。"[④]

第三种是历史学的视角，即把法律文化看作"法律传统"，以法律制度的进化变迁史作为法律文化的参照系，把法律文化看作文化的积淀，是过去对现在和未来施加影响的惯性。

[①] 武树臣：《中国传统文化》，北京大学出版社，1994，第32-34页。
[②] 公丕祥主编《法律文化的冲突与融合》，中国广播电视出版社，1993，第4页。
[③] 刘作翔：《论法律文化》，《法学研究》1988年第1期。
[④] 俞荣根：《法律文化的冲突与整合》，《现代法学》1994年第5期。

如,孙国华教授认为:"法律文化属于社会文明,它反映了法作为特殊的社会调节器的素质已经达到的水平,反映了历史积累起来的有价值的法律思想、经验和有关法的制定、法的适用等的法律技术,反映了法的进步内容,有很大的实际应用价值。"①

第四种是人类学的视角,即将法律文化视为与法律相关的群体性活动方式。法律文化是具有某种历史连续性、继承性的精神与经验的复合体。②

如,郑成良先生认为:"法律文化一词,指的是社会群体中存在的较为普遍的某些生活方式,它们或者直接构成了法律秩序的一部分,或者与法律秩序的性质和状态有关,它们既可能以实际的行为表现出来,也可能仅仅表达了人们的某种期望。"③

本节即从第四种视角来看法律文化。从这一角度,审视法律文化不仅表现于历代法律典章、地方规约,而且也广泛呈现于学人论说、文学艺术作品,乃至时人的一些习俗风尚当中。

(二) 法律文化的特征

法律文化作为上层建筑的一个组成部分,具有鲜明的时代性、民族性和多元性。

首先,法律文化具有鲜明的时代性。不同的时代,不同的历史发展阶段,就有不同的法律制度和不同的法律价值观。其中法律价值观更为活跃,它随着社会历史条件的变化而变化,随着人们在实践中认识水平的提高而不断进步。也就是说,法律文化受经济基础的制约,有什么样的经济基础,就有什么样的法律文化,但需要指出的是,二者绝不会机械地同步,法律文化总是迟缓于一定的经济基础的变化,但是这种迟缓距离不会太大。任何与时代相悖的价值观,必将随着生产力的进步、文明程度的提高、社会的发展而被摒弃。

其次,法律文化具有强烈的民族性。人类是社群交往行动的动物,但任何特定社群既有无限开放性的一面,也有自我封闭性的一面,尤其以民族为范围定界的社群往往形成该社群的独特文化,即使人类不同国家间的政治对话、经济交易和文化交流发展到如此程度,被人们用"一体化"或"全球化"来形容,但它并未消灭也消灭不了特定的社群文化封闭性的一面。各国由于经济制度、政治制度、生产力发展水

---

① 孙国华:《法学基础理论》,天津人民出版社,1986。
② 张文显:《法学基本范畴研究》,中国政法大学出版社,1993,第220-221页。
③ 郑成良:《论法律文化的要素和结构》,《社会学研究》1998年第2期。

平、文化传统、历史条件等的不同，形成了不同的法律文化，也就决定了这些国家不同的法律价值观。

最后，法律文化具有多元性。多元性是指法律文化在保持本民族、本国家、本时代特征的前提下，即在保持不同的文化个性的前提下，古与今、东方与西方、落后与发达之间在法律制度、法律观念上对话、交流、继承、移植，并由此形成多元化的法律文化现象。这种特征尤以当今社会为甚：既尊重和吸收别国那些基本的法律文化理念和科学的法律制度，也尊重和固守各个民族自身独有的法律文化遗产，比如在当代中国，其法律文化中就有这种明显的特征。

法律文化依据不同的标准可以进行不同的分类。比如依地域标准，可分为东方法律文化和西方法律文化；依社会历史类型标准，可分为奴隶制法律文化、封建制法律文化、资本主义法律文化和社会主义法律文化；依法律文化反映的基本精神的不同，可分为公法律文化和私法律文化；依时序标准，可分为传统法律文化和现代法律文化。[①]

四、文化基因

从以上叙述可以看出，文化传统具有鲜明的民族性，每个民族因为自身生存条件和历史进程的不同而有着不同的文化传统。真正代表各民族文化传统的，是那些专属于该民族且使其得以同其他民族区别开来的基本的文化成分。作为一个民族，如果丧失了本民族自身的文化传统，那么它也就失去了作为一个民族区别于其他民族的重要表征，从而也就失去了其民族凝聚力。但是，同为人类一分子的各个民族，在各自的文化传统中，是否有不受时代生活的局限、不被民族性格约束的某些共同成分呢？或者说，在文化传统中，有无超越历史、超越民族的成分，或具有人类性的成分呢？

应该承认，这种成分是有的。因为作为动物的人类，彼此是相同的；作为人性的人类，存在和发展的样式也大体相似。因而，不同的人群在各自圈子里形成的传统，必然会有相同和相似的成分。这些成分，或适用于全人类，或适用于全历史，正是这些超民族、超历史的文化传承因子的存在，才使不同民族能够相互理解，使人类文化在不同时代得以前后继承。对于这些因子，我们借用生物遗传学的一个术语——"基因"（Gene）来表示，称为"文化基因"。

1909年，丹麦学者约翰逊（Johannsen）提出"基因"这一名词，用它来指任何一种生物中控制其遗传性状的遗传因子。同时约翰逊还提出了"基因型"与"表现型"

[①] 武树臣：《中国传统文化》，北京大学出版社，1994，第32-34页。

这两个含义不同的术语,初步阐明了基因与性状的关系。基因型又称遗传型,它反映生物体的遗传构成,即从双亲获得的全部基因的总和。基因型是从亲代获得的,可能发育为某种性状的遗传基础。表现型是生物体把遗传下来的某一性状发育的可能变成现实的表现。基因型、表现型与环境之间的关系,可用公式表示为:表现型＝基因型＋环境①。

文化遗传学(文化基因论)就是借鉴生物遗传学上的理论成果,将基因理论应用于文化研究领域。文化基因论认为,在"文化"系统中,同样存在着一种遗传基因,而正是这种基因的代代遗传才保证了人类文化持续发展。②与生物遗传的机理相同,文化遗传也是通过文化基因的自我复制完成的。但是,文化遗传与生物遗传又有着很大的区别:生物基因是一种个体性基因,它通过个体间的生殖活动就可以方便获得,而且其中的生物信息的展现较少需要后天信息的刺激。而文化遗传则是社会遗传,文化基因是一种社会基因,文化基因的遗传受遗传的生态环境影响较大。

文化研究的深入,需要我们进入文化基因的层次,这种研究不是着意赞美"元典"创造者的伟大心灵和崇高境界,而是研究这些元典产生的历史原因、条件和过程,从中发现隐藏在历史现象后面的必然性。

第二节　法治基因的产生及其表现形式

一、法治概述

一般认为,最早系统地提出法治理论的是古希腊的亚里士多德。亚里士多德明确提出:"法治应当优于一人之治。"关于什么是法治,亚里士多德指出:"法治应包含双重意义:已成立的法律获得普遍的服从,而大家所服从的法律本身是制定得良好的法律。"③在这里,亚里士多德认为:第一,作为法治基础的法律,应当是一种良好的法律。"相应于城邦的好坏,法律也有好坏,或者合乎正义或者是不合乎正

---

① 参见丁显平《人类遗传与优生》(人民军医出版社,2005),王亚馥、戴灼华《遗传学》(高等教育出版社1999年版)相关章节的内容。
② 严春友:《文化全息论》,山东人民出版社,1991,第105页。
③ 亚里士多德:《政治学》,吴寿彭译,商务印书馆,1965,第199页。

义"①。也就是说,法律具有价值的内容,与道德不可分离。只有承载着道德的法律才是良法,不具有道德价值的法律是恶法,恶法非法。只有制定出合乎正义、促使人们达到正义和至善的法律,并以之作为安邦治国的基础,才能真正发挥法律的功能,实现法治的目标。第二,法律是一种特殊的社会规范,是人们的行为规则,应为全体社会成员所普遍遵守。"法律之所以能见成效,全靠民众的服从",否则,"邦国虽有良法,要是民众不能全都遵循,仍然不能实现法治"。"在法律失去其权威的地方,政体也就不复存在了。法律理应具有至高无上的权威,而各种官员只需对个别的特例进行裁决,这也是一个政体的职能"②。因此,人人遵法守法是法治的基本原则和基本要求。据此,亚里士多德进一步提出法治是为了公众利益或普遍利益而实行的统治,而不是某一个人或某一阶层的宗派统治;法治是守法的、依法的统治,而不是独裁的、专横的统治;法治是自愿的统治,而非依靠武力的强迫统治。总之,法治就是树立法律至高无上的权威性,事事时时依从法律。

亚里士多德还对法治与人治进行了比较思考,他经过认真思考得出的结论是:法治优于一人之治。这一结论基于三个方面的理由:第一,法治代表理性的统治,而人治难免会混入"情欲"和"兽欲",易于偏私。"崇尚法治的人可以说是唯独崇尚神和理智的统治的人,而崇尚人治的人则在其中掺入了几分兽性;因为欲望就带有兽性,而生命激情则会扭曲统治者甚至包括最优秀之人的心灵。法律即摒绝了欲望的理智。"第二,在民主共和政体之下,法律是由多数人制定的。亚里士多德认为立法的根据和基础是多数人及其利益,"法律可以被描述为由全体公民所达成的共同一致的意见,它用成文的形式作出界定,规范人们在各种情况下应当如何进行活动"。显然法律具有广泛性和普遍性。他还明确指出:"主张法治的人并不想抹杀人们的智虑,他们就认为这种审议与其寄托一人,毋宁交给众人。参与公务的全体人民既然都受过法律的训练,都能具有优良的判断,要是说仅仅有两眼、两耳、两手、两足的一人,其视听、其行动一定胜过众人的多眼、多耳、多手足者,这未免荒谬。"并且,在现实中,很难设想所有的人会在同一时间为愤怒、激情所左右并犯下错误。因而依据众人的智能和利益而制定的法律能妥善地处理、解决和裁决各种事务。第三,在价值层面上,法治蕴含着平等、正义、自由等社会价值,有利于促进社会进步。正如他在《政治学》第五卷中所说,"对德性的共同关心要通过法律才能体现",法律的实际意义是"促成全邦人民都能近于正义和善德","法律不应该被看作和自由相对的奴役,法律毋宁是拯救"。

法治理论在古罗马不断传承与发展,其中贡献最突出的人物是西塞罗(Cicero,

---

① 亚里士多德:《政治学》,吴寿彭译,商务印书馆,1965,第148页。
② 亚里士多德:《政治学》,颜一、秦典华译,中国人民大学出版社,2003,第127页。

公元前106年~前43年)。西塞罗把法治作为自己的信仰,在谈到法治的重要作用时说,事实上,最终并不依赖于皇帝或罗马统治者的任性,而是依赖法庭的正义;握有统治权杖的人可能更替,而罗马法却没有改变。

古希腊、古罗马的法治理论是人类思想的历史遗产,对于后世的影响是极为深远的。其意义不仅仅在于在这一时期法治理论最早被提出和创立,更重要的还在于这些理论思想几千年来"几乎被中外思想家和学者一致认可,成为他们探讨法治问题所必备的一个逻辑起点和理论支点,也成为他们发表各自观点的一个标准参照系统和分析框架"[1],被公认为现代法治理论的渊源。古希腊、古罗马的法治思想对西方法律文化产生了深远的影响。近现代资产阶级法治理论在很大程度上就是通过继承、发扬、变革古希腊、古罗马的法治理论成果和实践经验而创新、发展来的。

文艺复兴以后,随着资本主义的发展,法治理念得到广泛的传播和宣扬,法治逐渐成为占支配地位的意识形态,法治理论进一步制度化、秩序化和现实化。英国思想家哈林顿、洛克、戴雪等以极大的热情提出、论证和发展了法治理论。哈林顿提出法律是共和国的绝对统治者,所有正当法律的总和构成共和国的存在。近代西方自由主义和法治主义的奠基人洛克认为,在法治社会中,人民只受法律的限制、约束,他提出了法律面前人人平等、法律的公开性、依法合法行政等法治原则。戴雪在其《英宪精义》中明确提出了"法治"(Rule of Law)的概念,并把排除专断、法律平等、法律至上宣布为法治的基本原则。他旗帜鲜明地提出了法治的现实基础,为法治理论的发展作出了重大的贡献。

18世纪的启蒙思想家们,高举理性、自由、平等、人权等旗帜,丰富和发展了法治理论。孟德斯鸠在《论法的精神》中建构了现代法治理论的种种原则。卢梭认为法律是社会的根本制度,强调依法治国,他说"国家构成的基本要素不是官员而是法律",因此,应该以法律来规范国家的治理。潘恩、杰斐逊、亚当斯、汉密尔顿、麦迪逊等认为:在专制国家中,国王是法律;而在自由和民主的国家中,法律是国王。他们把法治写进了《独立宣言》《美国联邦宪法》和《权利法案》,促使法治制度化、形式化、规范化、现实化,从此法治不再仅仅是一种理论设计,而是一种现实。近代法治理论的探索者还有荷兰的格劳秀斯,英国的霍布斯,意大利的贝卡利亚,德国的康德、费希特、黑格尔,等等,他们推进了法治理论的深化和发展。

从19世纪中期至今,随着法学流派的多元化,法治思想百花齐放,新自然法学派、社会学法学派、新分析实证法学派、现实主义法学派等学派,人类学法学、经济分析法学、综合法学等学科竞相提出各种新思想新理念,拉兹、韦德、富勒、罗尔斯、德沃金等著名学者纷纷探索法治的意蕴,提出了种种理论模式。尤其是马克思主

---

[1] 姚建宗:《信仰:法治的精神意蕴》,《吉林大学社会科学学报》1997年第2期。

义法治理论的出现及其在中国化过程中取得的突破性进展,推动了新的法治文化的形成和发展。

总之,从古希腊、古罗马开始,迄至当代,法治理论经历了多次重大而深刻的变化,形成了博大精深的法治文化。其中,法律至高无上的权威性、法律的普遍性、法律的平等性、法律的遵守、法律与专制极权的对立、法律对权力的制约等观念成为法治理论的核心。

二、法治基因是国家权力的伴生物

国家在形成的初始阶段,就离不开权力制约机制。恩格斯在《家庭、私有制与国家起源》中指出:"国家是社会在一定发展阶段上的产物;国家是表示:这个社会陷入了不可解决的自我矛盾,分裂为不可调和的对立面而又无力摆脱这些对立面。为了使这些对立面、这些经济利益相互冲突的阶级,不致在无谓的斗争中把自己和社会消灭,就需要有一种表面上凌驾于社会之上的力量。这种力量应当缓和冲突,把冲突保持在'秩序'的范围以内。"①恩格斯的这段话告诉我们:国家是一种凌驾于社会之上的力量,这种力量旨在缓和冲突,并使冲突维持在一定的"秩序"范围之内。由于国家权力凌驾于社会之上,具有强制性和压迫性,就必然存在着一种自我扩张、膨胀,甚至有发生畸形、恶变的可能性。若果真如此,国家权力的存在就不能够实现使社会保持在"秩序"范围内的初衷。既然国家的产生在于使相互对立的阶级之间的冲突保持在"秩序"的范围之内,那就意味着在国家权力产生的同时必然存在着一种机制限制它的消极作用,防止它过度膨胀带来的社会秩序的失衡。

国家权力的产生必然伴生着制约机制的观点,不仅来自理论上的分析,而且也在人类社会的历史实践中得到了验证。例如,古代雅典由氏族社会过渡到城邦国家的过程,就充分证明了上述理论观点。在古希腊,随着经济的不断发展,当奴隶主和奴隶两个对立阶级之间的矛盾日益加深时,氏族公社不再是经济上的封闭单位,氏族、部落以及部落间的关系呈现出空前密切的状态。氏族、部落中的上层分子,为了镇压反抗的奴隶阶级,逐渐以部落的名义建立了军事联盟,开始了向国家的转变。在这个时期,后来成为"国王"的提修斯,起了重要作用。他首先在雅典设立了一个中央管理机关,以前由各部落独立处理的一部分事务,被宣布为共同事务,而转给中央管理机关。于是,凌驾于各个部落和氏族之上的国家的雏形出现了。新出现的"国家"沿用了氏族社会习惯中的"权力"制约机制。如雅典国家一开始就将决定国家大事的权力交由贵族组成的贵族院掌握,贵族院就如同氏族时期

---

① 《马克思恩格斯选集》第四卷,人民出版社,1972,第166页。

的部落"议事会";掌握着行政权的执政官必须受贵族院的制约,而且执政官有一定的任期,开始是十年,后来又改为一年一任。不仅如此,为了避免执政官对国家权力的滥用,还不断地增加执政官的数量,由最初的一人逐渐增加到九人。他们分担宗教、军事和司法等方面的职责。所有这些都在沿用氏族社会的权力制约机制,只不过因国家的产生增加了国家的强制力,即由习惯转变为以国家强制力为后盾的"法"。①

中国古籍中的记载,也印证了这一点。中国是政治形式较早产生、君主制度较早发达的国家和地区之一。一般认为,中国君主制度始于夏朝,文献中有"夏后氏百官"而天下"万国"之说。到了西周时期,君主政治已经相当发达,其政治文化奠定了中国古代帝王观念的基本模式。实际上,西周时期的王权、君权就受到诸多因素的制约。

首先,在制度性因素方面,逐级分封制度导致附庸于地方的各级政区实质是相当于国家或准国家的政治实体,诸侯国、卿大夫邑都有独立的世袭领地及政权、臣民、军队。中央王权不可能有效地支配诸侯国,更不能指挥诸侯的附庸与臣属。事实上,自周初以来,诸侯抗命、叛乱之举时有发生。世卿世禄制度导致朝廷各级命官同时也是封君。他们在朝廷为官,在领地为君,与后世的官僚大不相同。以燕召公为例,他既是周成王的三公,与周公旦共治天下,分掌陕之西东,同时又是燕国的开国国君。这种卿士命官很难驾驭。上述制度性制约因素在两周之际更加明显。例如,郑桓公、郑武公、郑庄公三代担任周王的主要辅臣,既把持中央朝政,又掌握郑国君权。一旦郑庄公与天子失和,他便可以率领本国及盟国军队击败前来讨伐的王师,并射伤天子。

其次,在当时,王族及同姓宗族是国家的基干力量,国民与军队多由族众组成,因此族众群体的意愿对重大政务有较大的影响,君权也会受到宗族制度的制约。

此外,历史传留下来的各种信仰、礼仪、习俗、惯例及由此形成的社会舆论,也或多或少地规范、制约着王权。例如,周厉王改变传统惯例,实行"专利"政策,招致强烈反抗,竟致被民众放逐。实际上,各国君权的处境也有与中央王权相类似之处。②

中国传统文化中有一以贯之的直书实录的记史传统,记下了无数王朝的兴亡盛衰事迹及其经验教训。如实记录历史,规律自在其中。而制约君权有利于长治久安,也正是切实的历史规律。历代典籍中都有一些古代有关制约君权的史实记载。在史籍中,接受制约的王者和习惯于君权独断的王者,他们之间有着不同的命

---

① 傅兆龙:《国家权力制约论》,南京出版社,1991,第31页。
② 张分田:《中国的帝王观念》,中国人民大学出版社,2003,第88页。

运,这本身就是在用历史事实昭示这样一个规律:权力制约是国家权力系统赖以构成并发挥其整体功能的基本因素。

国家产生与发展的历史实践,从客观上表明了权力制约是国家权力系统赖以构成并发挥其整体功能的基本前提,"国家权力制约因素是与国家权力伴生的"[①]。

可以说,自从国家权力出现之后,人们就没有停止过对它进行制约的努力。当然,由于历史条件的不同,古往今来的思想家们曾设计了不同的权力制约方案。这些方案对于权力制约的方式各自不同,但它们对于权力进行制约的目标却是一致的。

三、法治基因的不同表现形式

众所周知,西方的法律文化当中存在着大量的权力制约因素,其中以"分权与制衡"理论最为著名。但是,当谈到中国时,因为长达数千年的封建统治一直以集权为其主要特征,传统文化中也鲜有"分权"之说,所以许多人认为中国传统文化中是不存在"法治"因子的。实际上,"限制权力"和"限制权力的手段"并非一个层次的问题。是否存在法治的基因,关键在于是否存在着"限制权力"的因素,而不是看限制权力的具体手段如何。限制权力有不同的手段,这说明法治的文化基因有着不同的表现形式。

在制约权力的手段上,不仅有"以权力制约权力"的方法,还有其他的方法。比如,"以道德制约权力"的方法和"以权利制约权力"的方法等。这些方法在中西历史上都曾存在过,在不同的历史时期和不同的条件下都曾对权力的滥用发挥过积极的作用。尽管它们的外在特征不同,但其目标却是一致的,那就是限制权力。它们以不同的形式体现着法治的实质。

中国传统文化当中对于权力制约所设计的模式与西方法律文化中的制约权力模式是不一样的。中国传统文化当中采用的是"以道德制约权力"的模式,而西方法律文化中采用的则是"以权力制约权力"的模式,它集中体现为权力的分立。

法治基因的表现形式之一:"以道德制约权力"的思想。

法治基因的这一形式表现为法律文化当中所倡导的通过学习和教育的方法培养统治者的良好品德和能力,使他们能够自觉地以内心的道德力量抵制外在的不良诱惑,自觉地、严格地要求自己,行使好手中的权力。[②]

[①] 傅兆龙:《国家权力制约论》,南京出版社,1991,第32页。
[②] 郭道晖:《道德的权力和以道德约束权力》,载《法的时代呼唤》,中国法制出版社,1998,第135-149页。

无论中西,这一思想古已有之。在西方,最著名的倡导者要数柏拉图和亚里士多德。在中国古代,这最为儒家人物所倡导,儒家的"德治"思想包含以道德约束统治者的要求。亚里士多德说:"在主奴关系的统治之外,另有一类自由人对自由人之间的统治,被统治者和统治者的出身相同。这类治理的方式就是我们所说的城邦政治家的治理体系;在这类体系中,统治者须先行研习受命和服从的品德"[①],"要明白主政的良规,必先学习服从的道理"。亚里士多德要求统治者需具备明哲、节制、正义、勇毅四种品德,培养这些品德的途径就是学习和教育。中国古代的儒家也主张"以德行仁者王"(《孟子·公孙丑上》),"政者,正也。子帅以正,孰敢不正"(《论语·颜渊》),要求"为政以德"(《论语·为政》),"修己以安百姓"(《论语·宪问》)。所谓"修"之道,在于"学"和"习"。"学则三代共之:皆所以明人伦也。"(《孟子·滕文公上》)"习"即通过内省的方式将学到的东西转化为行动。"学而时习之,不亦说乎。"(《论语·学而》)儒家的思想在我国现在依然具有一定的生命力。

法治基因的表现形式之二:"以权力制约权力"的思想。

这一思想的核心是分权,就是将政府职能与权力分配给不同的部门,并使各部门之间的权力相互平衡和制约。有关思想可以追溯到波里比阿和亚里士多德。亚里士多德指出:"一切政体都有三个要素,作为构成的基础,一个优良的立法家在创制时必须考虑到每一要素,怎样才能适合于其所构成的政体。……三者之一为有关城邦一般公务的议事机能(部分);其二为行政机能部分——行政机能有哪些职司,所主管的是哪些事,以及他们怎样选任,这些问题都须一一论及;其三为审判(司法)机能。"[②]但是亚里士多德尚未明确提出制衡原理。波里比阿不仅主张分权,而且主张权力系统的某一部分不应凌驾于其他部分之上,这样,"任何越权的行为都必然会被制止,而且每个部门自始就得担心受到其他部门的干涉"[③]。洛克、孟德斯鸠、麦迪逊等资产阶级思想家继承古代的分权制衡思想,设计了适用于民主政体的有关机制。其基本的做法是:立法、行政、司法三权分立,分别由不同的部门或不同的人去行使,各部门之间权力大致平衡,互相制约,司法独立并具有某种形式的司法审查权力。

与"以道德制约权力"的思想相比,"以权力制约权力"的思想侧重于事后的阻止或惩罚,使已经出现的问题得到解决,而前者侧重于事先的预防,期望将问题解决在可能出现之前。道德的制约机制的作用原理在于通过制约"灵魂"来制约行动。而权力的相互制约机制的作用原理在于通过恰当地配置各种权力,使得某一

---

① 亚里士多德:《政治学》,商务印书馆,1965,第124、387页。
② 同上书,第214-215页。
③ 杨人楩:《罗马共和国时期(上)》,生活·读书·新知三联书店,1957,第55页。

种权力被滥用时便会受到来自另一种权力的抑制,侧重于制约外部的行动。权力的相互制约机制往往形成各种制度,具有制度化的外观,而道德的制约机制则更多地表现为非制度化的方法和措施。权力的相互制约机制表现为以一种刚性的力量对付另一种刚性的力量,甚至表现为"野心必须用野心来对抗"①。而道德的制约机制表现为以一种柔性的力量去驯化一种刚性的力量,它虽然是潜移默化、缓慢地起作用,但效果却可能是巨大和持久的。

法治基因的表现形式之三:"以权利制约权力"的思想。

"以权利制约权力"的思想很早就有人提出。卢梭就曾设想,全体人民定期集会而成为主权者共同体来决定公共事务,是阻止政府篡权及蜕化倾向的办法。② 麦迪逊等人也承认,"在组织一个人统治人的政府时,最大的困难在于必须首先使政府能管理被统治者,然后再使政府管理自身。毫无疑问,对政府的主要控制要依靠人民;但是经验教导人们,必须有辅助性的预防措施",通过这些主要和辅助性的措施可以保护社会不受掌权者的压迫。③ 恩格斯总结巴黎公社经验时也曾指出,防止工人阶级自己的公仆蜕变为"主人"的趋势的根本、有效方法之一,就是人民掌握罢免权,可以随时撤换那些不称职的公社委员。④

"以权利制约权力"是一种民主性质的监督制约,只有在一个民主社会中才能实现。

制约权力的思想或曰法治基因之所以有着上述不同的表现形式,首先是由于不同的社会历史条件的制约。比如,在一个民主意识匮乏的社会当中,很难想象会出现"以权利制约权力"的思想。不同的权力制约思想除了受到不同的历史与社会条件的制约外,还在一定程度上受到某些主观因素的影响。比如,持"性恶论"观点的人,认为邪恶作为人的本性是难以改变的,"权力导致腐败,绝对的权力导致绝对的腐败"⑤;"一切有权力的人都容易滥用权力,这是万古不易的一条经验"⑥。于是,他们就会倾向于采取"以权力制约权力"的机制;持"性善论"观点的人,因为对人性抱有较为乐观的态度,认为人是可以通过教育来改变的,于是就倾向于采取"以道德约束权力"的机制。

以上内容通过理论分析和历史考察,说明法治的基因是与国家权力相伴而生的。

---

① 汉密尔顿、杰伊、麦迪逊:《联邦党人文集》,商务印书馆,1980,第264页。
② 卢梭:《社会契约论》,商务印书馆,1980,第132-134页。
③ 汉密尔顿、杰伊、麦迪逊:《联邦党人文集》,商务印书馆,1980,第264页。
④ 马克思、恩格斯:《马克思恩格斯选集》第二卷,人民出版社,1972,第335页。
⑤ 阿克顿:《自由与权力》,侯健、范亚峰译,商务印书馆,2001,第286页。
⑥ 孟德斯鸠:《论法的精神》(上册),商务印书馆,1982,第154页。

从理论上看,恩格斯关于国家起源的那一段经典表述,说明国家权力的产生本身就是为了将国家维持在"秩序"的状态之下。既然国家的产生在于使相互对立的阶级之间的冲突保持在"秩序"的范围之内,那就意味着在国家权力产生的同时必然存在着一种机制限制它的消极作用,防止它过度膨胀带来社会秩序的失衡。所以,权力从它产生的那一刻起,就应该伴生着制约权力的因素。

对国家权力产生的历史过程的考察,也说明权力制约是国家权力系统赖以正常运转的必要因素,离开了制约因素的存在,就根本谈不上国家系统功能的发挥,这是一条政治规律。无论是古代雅典由氏族社会过渡到城邦国家的过程,还是中国古代典籍当中有关中国国家产生与发展历程的记录,都证明了上述理论。

所以,从国家产生的那一刻起,人类就从未停止过对权力进行制约的思考。由于历史条件和社会基础的不同,制约权力的思维模式,或曰法治的文化基因有着不同的表现形式。诸如"以道德制约权力"的思想、"以权力制约权力"的思想、"以权利制约权力"的思想等。尽管这些构想有着不同的表现形式,但它们的最终目标却是一致的,那就是遏制权力的滥用。

第二章 中国传统文化概述

第一节 中国传统文化的特质

在如何看待中国传统文化的问题上,中国学术界的理解非常多。例如,有的学者认为传统文化是以天理作为法的理论依据,并以合乎天理作为法的指导思想;有的学者认为传统文化是礼法并重,以礼为主,传统法制与伦理道德交织在一起,本质上属于伦理法;有的学者指出,传统文化以刑律为核心,融道德习俗、家规、乡约为一体,强调礼治,重视德治,实行人治,将礼乐的教化与道德的约束置于重要地位,而把法视为治国的辅助手段;有的学者认为,中国传统文化是法自君出,君权高于法律,官吏享有特权,缺乏权利意识,"民刑不分"、"诸法合体"、律外有"法"等;有的学者认为,中国传统文化是法治与礼治的配合,法治与人治的并行;有的学者认为,中国传统法文化属于一种典型的农业文明法文化形态,法律与世俗伦理浑然一体,重调解、息事宁人、平争止讼;有的学者从总体精神和宏观样式的视角来阐释中国传统文化,认为中国传统文化的基本精神是与"个人本位"相对应的"集体本位",是从维护社会整体安宁的角度出发来设计个人权利的,中国法律文化的宏观样式是"成文法"与"判例法"相结合的"混合法";有的学者又认为中国传统文化的整体面貌,可以从其形式意义和实体价值两个方面来把握,从形式意义上看,它表现为诸法合体的法律结构体系,从实体价值上看,它表现为法律与道德熔于一炉的伦理法律价值体系,等等。

上述观点从特定的角度总结和阐述了中国传统文化的主要精神风貌和形式特质,反映了中国传统文化的基本事实,各自都有自己的道理。本节将从中国传统文化的灵魂、核心内容、哲学基础、学说来源四个角度来透视中国传统文化的特质。

一、天道观是中国传统文化的灵魂

(一)"天"在中国传统文化中的含义

中国传统文化独有的天道观,决定了中国传统文化的内容和特色。

在中国传统哲学中,"天"有多重含义,有自然意义上的天,有神灵意义上的天,有绝对精神意义上的天,有上帝和祖先居所意义上的天,等等。

1. 自然之天

中国传统哲学中的天首先是自然之天,包括自然现象和自然过程两层含义。孔子所说"天何言哉,四时行焉,万物生焉"[①],孟子所言"莫之为而为之者,天也;莫之致而致之者,命也"[②],都是在阐释作为自然过程的天。

2. 神灵主宰之天

中国传统哲学还以"天"为神灵,为有意志、有人格的主宰和造物主。《尚书·汤誓》所云"有夏多罪,天命殛之",《诗经·商颂》所云"天命玄鸟,降而生商",都是以天为神灵之主宰。在中国早期哲学中,神灵主宰之天有喜怒哀乐,能通过其特有的方式对人类的行为进行评价和赏罚。

3. 道理之天

中国传统哲学中有时还以"天"为"绝对真理"的同义语。宋人程颐、程颢所云"天者,理也"[③],朱熹认为的"天即理也"[④],都是以"天"为宇宙间的绝对真理。

天之道,是天(或自然)所客观地展现的规律或原则,在天道之外,尚有"天命"说。从广义上讲,"天命"(天意)是天道的一部分,是天道运演中通过某种特有的方式向人类社会传达的天的意志或命令。

天命或天意的表达方式,一般来说,就是祥瑞和灾异。"国之将兴,必有祯祥;国之将亡,必有灾荒。"天若欲示表扬,必有诸如嘉禾、凤鸟、龙、麒麟等吉祥物出现;天若欲示惩罚,则出不吉之物事。古人特别注意的是"灾异谴告说",如董仲舒云:"五行变至,当救之以德,施之天下则咎除。不救以德,不出三年,天当雨石","凡灾异之本,尽生于国家之失。国家之失乃始萌芽,而天出灾害以谴告之"[⑤]。所以每有灾荒、地震、妖怪之物出现,国君则发"罪己诏",修德自省,改革政治。此种"天谴

---

① 《论语·阳货》。
② 《孟子·万章上》。
③ 《河南程氏遗书》卷十一,卷二。
④ 朱熹:《论语集注·八佾》。
⑤ 《春秋繁露》之《五行变救》《必仁且知》。

说"体现了当时人们竭力借天命来对君权加以约束的良苦用心。

（二）天道观的发展

天道观贯穿中国传统文化发展的始终，其主要表现为：

1．认为法律源自上天

历代统治者为了加强王权，宣称一切法律都是上天所赐，所谓"天降刑典"。例如，商王盘庚欲将都城迁往殷地，遭到许多贵族和平民的反对，盘庚最后只有求助于"上天"，以"上天"告诫臣民：

> 古我先后既劳乃祖乃父，汝共作我畜民。汝有戕，则在乃心，我先后绥乃祖乃父。乃祖乃父乃断弃汝，不救乃死。兹予有乱政同位，具乃贝玉。乃祖乃父丕乃告我高后曰："作丕刑于朕孙！"迪高后丕乃崇降弗祥。①

其大意为：我的祖先曾烦劳过你们的祖先，你们现在也是我的臣民。但如果你们心怀不轨，我的先王就会告诉你们的祖先，你们的祖先就会抛弃你们，不救你们，使你们犯下死罪。现在我的身边有一些乱臣、佞臣，他们聚集财物。这些人的祖先就会告诉先王说："快用重刑严惩我的子孙！"而我的祖先也会将不祥降临到你们身上。

2．表现为"恭行天罚"思想

"恭行天罚"或称"代天行罚"，指统治者借天意来惩罚那些不服从自己统治的敌对势力。史载，夏启为王时，有扈氏不服。夏启便作"誓"，对前往讨伐有扈氏的军队说：

> 有扈氏威侮五行，怠弃三正，天用剿绝其命，今予维恭行天之罚。②

意思就是有扈氏"威侮五行，怠弃三正"的行为已经触怒了上天，现在上天命令我去讨伐他，我只有听从上天的命令前去讨伐。

商汤伐夏时也是采用了类似的说法："有夏多罪，天命殛之。"③而在汉代大儒董仲舒看来，社会上的君、臣、民等级制也是上天意志的体现。"三纲五常"乃是上天为人类社会设定的道德伦理规范，如果违反天意，就构成犯罪，君主就可以代表上天进行惩罚，即所谓"代天行罚"。因此，法律不仅仅维护了君主的权威，更维护了上天的权威。

---

① 《尚书·盘庚》。
② 《史记·夏本纪》。
③ 《尚书·汤誓》。

3. 表现为顺天则时的"司法时令说"

中国古代社会的正统法律学说认为,人间的赏罚应该与"天意"相符合。在春夏万物生长之际,应从事教化奖赏之事,而在秋冬万物肃杀之时,才适合断狱行刑。"赏以春夏,刑以秋冬"成为中国法律传统的一种思维定势,"秋冬行刑"成为定制。这种顺阴阳生杀之时季以行赏罚的观念,影响亦直至清末。

可以说,天道观是"中国传统文化的灵魂"。①

二、"礼"是中国传统文化的核心内容

80多年前,杨鸿烈先生在《中国法律思想史》中指出:研究各国的法制史,应该先寻觅到几个总枢纽,然后才能触类旁通、左右逢源。杨氏所谓的"总枢纽",就是指贯通某一法系的根本思想。他认为,"要想了解所谓中国法系的内容,最先的急务即在要懂得贯通整个'中华法系'的思想",这一思想可以用"礼"来概括。②

礼原是氏族社会末期敬神祈福的仪式,后来发展为一种具有普遍意义的社会规范,国家出现后它又发展成为统治阶级的统治工具。礼的内容可以说包罗万象:

> 道德仁义,非礼不成;教训正俗,非礼不备;分争辨讼,非礼不决;君臣上下、父子兄弟,非礼不定;宦学事师,非礼不亲;班朝治军,莅官行法,非礼威严不行;祷祠祭祀、供给鬼神,非礼不诚不庄。是以君子恭敬撙节退让以明礼。③

礼是如此包罗万象,以至于"我们在论证现实中的每一种法律的历史时,几乎都可以追寻到礼的踪影"④。

礼作为中国古代法律的核心内容,走过了一条漫长的"礼法融合"的道路。早在先秦时期,礼与法就互相渗透、互相补充。至两汉时期,经过释经解律,不仅在法典的编纂上引礼入法,而且在司法实践当中实行"春秋决狱"。魏晋时期以经注律,以经解律的律学兴盛,使引礼入法的过程进一步深化。到唐代,在以礼修律原则的指导下,唐律"一准乎礼",使礼的基本规范取得了法律的形式,构成了中国封建法律的主要内容,为后世历代封建法律所沿袭。

---

① 范忠信:《中国传统文化的哲学基础》,《现代法学》1999年第2期。
② 杨鸿烈:《中国法律思想史》,商务印书馆,1998,第6-7页。
③ 《礼记·曲礼上》。
④ 马小红:《礼与法》,北京大学出版社,2004,第81页。

三、民本主义是中国传统文化的哲学基础

中国传统文化的哲学基础,在某种意义上可以概括为民本主义。民本主义不仅全面支配着中国数千年来法律实践活动的方向与进程,而且还牢牢地左右着人们的思考。

民本主义作为中国传统文化的哲学基础,其基本特征是重视人的价值,重视"民"与国家的关系。早在西周时期统治者就十分看重"惠民",并提出"敬德保民""天视自我民视、天听自我民听""民之所欲,天必从之"等思想。战国时期,儒家的代表人物荀子继承和发扬了这种思想,把君主和人民的关系比作舟和水的关系,认为"水则载舟,水则覆舟"。孟子认为"民为贵,社稷次之,君为轻",君主立法应"发于人间,合乎民心"。孟荀的这种"重民"思想的基本点,就是强调民为国本。西汉时期贾谊更为精辟地提出,"闻之于政也,民无不为本也。国以为本,君以为本,吏以为本","故自古至于今,与民为仇者,有迟有速,而民必胜也"。①

董仲舒的民本思想则是结合他的"天人感应"的哲学观提出来的,"天道"与"民意"的糅合在一定程度上给民本思想抹上了"天命"的色彩,从而规定了中国传统政治法律文化中民本思想的发展趋向。因为"民意"体现了"天道",历代王朝均奉民本思想为正统统治思想,甚至一些帝王也发诏旨、著文章阐发民本思想,并在一定程度上付诸实践。

随着正统儒学的形成和发展,历代法典均重视保障人民,体现着鲜明的民本主义色彩。

以唐律为例,《唐律疏议·户婚律》规定:"诸卖口分田者,一亩笞十,二十亩加一等,罪止杖一百;地还本主,财没不追。"显然,这样的规定考虑到了保护民生的意愿,即通过禁止口分田买卖,以限制豪强地主对人民土地的兼并,从而达到保障人民保有田地,维持生计之目的。又如该篇还规定:"诸在官侵夺私田者,一亩以下杖六十,三亩加一等;过杖一百,五亩加一等,罪止徒二年半。"此条旨在对那些"居官挟势"者侵夺百姓私田的行为追究法律责任,从而保障普通百姓对私田的所有权。

中国古代法典中的"民本"色彩还表现在"慎刑"上。自西周提出"以德配天""明德慎罚",中经孔孟"为政以德"和"仁政"的主张,特别是董仲舒提出"德主刑辅"而成为封建正统法律思想后,"民"的生命价值就不断被重视。《唐律疏议·断狱律》中的"讯囚察辞理"条、"拷囚不得过三度"条、"考囚限满不首"条等就对拷讯的条件、过程和限制等作了相当严密的规范。特别是其中拷囚总拷不得过三度、总数

---

① 贾谊:《新书》卷第九,《大政·上》。

不得过二百、每拷须间隔二十日、违者"反坐"官司的规定尤为体现了对囚犯的人道关怀。《唐律疏协·断狱律》中的"死囚覆奏报决"条则规定："诸死罪囚,不待覆奏报下而决者,流二千里。即奏报应决者,听三日乃行刑,若限未满而行刑者,徒一年;即过限,违一日杖一百,二日加一等。"这是"三复奏"。唐律还对京师地区死刑犯实行"五复奏"。

此外,像唐律对老幼笃疾、怀孕以及产后百日内妇女不得拷讯的规定,充分体现了对人的生命和健康富有"人道性"的关注,有着鲜明的"民本主义"色彩。

除直接保护民生外,法典还以间接方式体现着民本主义。如隋唐以后发展起来的宫廷谏议制度、检举制度、科举考试制度等,都明显体现了民本色彩。特别是,法典还规定了保护弱者的诸多制度。

四、法律思想的学说来源——中国传统文化各学派

(一)中国传统文化以儒家法思想为主导

以孔子为创始人的儒家学说,在我国历史上发挥过十分重要的作用,一度成为中国传统文化的主流。就中国传统文化的内容而言,无论是皇权至上、三纲五常、为国以礼,抑或是德主刑辅、重刑轻民、重人治轻法治,都贯穿着儒家的宗法伦理精神。所以我们在探讨中国传统文化时,可以儒家为主。①

虽然有学者对儒家法思想是中国传统法律的主导思想的观点提出过质疑,但大部分研究中国法制史和法律思想史的学者还是认为,儒家法思想在中国法律思想史上占有正统地位。大量史实也证明了中国传统法律发展的基本线索就是中国法律儒家化的过程。

早在西周时期,鉴于商封王暴政亡国的教训,周公就提出了"以德配天"和"敬天保民"的思想。在法律的制定与实施方面,则确立了"明德慎罚"的原则,即在德和刑的关系上主张德刑并用,提倡运用道德教化手段,而不要一味单纯地使用刑罚暴力,以期礼刑结合,达到长治久安的目的。这一学说为封建后世"德主刑辅"理论的产生奠定了坚实的基础。

中国法律儒家化肇始于汉代。当儒生董仲舒"春秋大一统"的政治主张被汉武帝接受时,以汉代儒学为指导的封建正统思想便随之形成,封建统治阶级终于找到了自己法学意识形态的理论中心。从汉武帝开始的汉代法制日益表现出礼法结合、经律互用的性质。

---

① 杨鹤皋:《中国古代法律思想论集》,中国政法大学出版社,2003,第1页。

儒家有系统地修改法律,是在魏晋南北朝时期。曹魏以后每一新的朝代建立,都必定制定一套本朝的法律,而法典的编制和修订都落入了儒臣之手,从而有更多的机会将儒家之精华——"礼"糅杂在法律条文中,法律以礼法为纲的原则进一步确立。从法律的基本内容看,我国古代法律儒家化的工程在这一时期基本完成。

隋唐是中国法律儒家化的成熟时期,隋《开皇律》对北齐律中儒家化的内容大多予以承袭,唐《永徽律》又以《开皇律》为蓝本。它们都保留了汉魏以来以礼入法的成果,并加以系统化和精确化,使之更加完善。特别是唐律,更是"一准乎礼"。宋至明清是封建法律儒家化的延续,宋、元、明、清各朝立法,都以《唐律》为楷模,"承用不废"。

（二）法家思想曾影响中国古代历史且其文化影响并未消失

法家作为一个学派的概念,最早见于司马谈的《论六家要旨》。司马谈在该书中这样评价法家思想:"法家不别亲疏,不殊贵贱,一断于法,则亲亲尊尊之恩绝矣。"

法家思想的最大特点是极其重视法律在治国中的作用。他们认为,法律是治国的不二法门,主张以法治国,"一断于法"。在执法方面,法家主张赏罚严明,有功者赏,有罪者罚,并且主张实行严刑酷法,轻罪重罚。由于法家过分强调法律的作用,因而对于伦理道德在社会生活中的作用严重地估计不足,他们甚至视儒家所倡导的仁义教化为寇仇,认为仁义忠信无法治理国家。

法家思想的第二个特点就是主张实行极端的君主专制统治。他们主张君主应拥有绝对的权力,国家的政治事务应该由君主实行独裁或独断,臣下必须绝对听命于君主的意志。为了维护君主的政治统治地位,法家主张由君主操法、术、势三柄,驾驭群臣、统治民众。

法家思想的第三个特点是主张富国强兵。法家认为,耕战是富国强兵的根本途径。法家主张实行重农抑商的政策,把民众禁锢在土地之上,然后以农养战,农战结合,从而达到富国强兵的目的。

值得注意的是,法家思想是用进化的观点解释历史的。法家人物往往把历史分为上世、中世、下世和当今几个阶段,认为远古必不如当今,先王必不如今王,古代的制度必不如当今的制度。可见,法家在一定程度上认识到了历史是不断发展变化的客观规律。[1]

法家思想曾深刻影响着中国历史,秦国正是重用法家人物,以法为治,才迅速完成统一六国的历史使命。但是,法家对于法律迷信般的崇奉,导致其对道德教化

---

[1] 曹德本:《中国政治思想史》,高等教育出版社,1999,第63页。

的作用极度忽视,如班固在《汉书·艺文志》中所指出的"信赏必罚,以辅礼制……及刻者为之,则无教化,去仁爱,专任刑法而欲以致治,至于残害至亲,伤恩薄厚"。另外,法家对现实社会的一切都持肯定态度,导致他们的思想中缺少社会批判精神,缺少对未来社会的整体设计。尤其是迷信法家治国理念而亡的秦朝二世的前车之鉴,让后世统治者谈法色变,甚至走向了另一个极端。然而,汉武帝之后逐渐定型的"德主刑辅"治国理念显然并未完全抛弃法家的治理思想。在汉代取得独尊地位的儒家学说实质上是一个折衷主义的思想体系,它广泛吸取了其他学派的思想,其中也包括法家的思想。因此,法家学派的消失并不表示法家的理论也随之彻底消亡。相反,法家思想继续对汉代及以后各朝代的治理发挥着影响。法家思想的这种作用,可能远远超出人们的估计。在经济政策方面,如常平仓、均田制、盐铁官营等措施,皆主要根据法家理论而确立。又如用科举制度取代世袭确定政府官员的制度,其主要理论依据也是法家思想。至于后世法典,莫不以刑法作为其主要内容,即使是对于行政行为或者其他非犯罪行为,也遵循"有错必罚"的刑罚原则。司法制度实行有罪推定、株连制度、拷讯制度等也与法家思想有着密切的联系。①

综上,对我国古代法律发展基本线索进行了简单勾画,可以看出中国古代法律有一个儒家化的过程。这个过程实际上就是儒家思想渗入中国古代法律,直至成为中国古代法律主导思想的过程。正如我国著名学者瞿同祖先生指出的那样:"除秦、汉律外,历代的法典都出于儒者的手笔,并不出于法家之手,这些人虽然不再坚持反对法治,但终究是奉儒家为正统的,所以儒家的思想支配了一切古代法典,这是中国法系的一大特色,不可以不注意。"②

虽然儒家思想是中国封建时代的正统思想,但从法律文化的角度考量,它并没有排斥对其他各家学说的吸收与融合。早在西汉董仲舒所创立的新儒学体系中,便吸收了道家、阴阳家、杂家的思想与法律文化。至宋明理学产生,更是进一步体现了儒、释、道的融合,即道家的本体论、佛教的方法论和儒家的实践论。因此可以说,中国传统文化是以儒家思想为主导思想,同时融合了法、道、释等各派学说的。

第二节　关于中国传统文化积极因素的探索

近年来,一些法学著作开始从不同的角度、运用不同的研究方法揭示中国传统

---

① D. 布迪、C. 莫里斯:《中华帝国的法律》,朱勇译,江苏人民出版社,1998,第 16-17 页。
② 瞿同祖:《瞿同祖法学论著集》,中国政法大学出版社,1998,第 352 页。

文化中的积极因素，比如，中国传统文化中的"礼法兼治"的社会综合治理模式，成文法、判例法共存及制定法与民间法并列的"混合法"模式，"无讼"价值观下节约成本的社会矛盾调解机制，"法不阿贵""刑无等级"的守法观念，司法中"亲亲相容隐"的人伦主义，"慎刑恤狱"的司法人道主义，"实质正义"的司法价值取向，法律的"集体主义本位"，"为政在人"的人治观，"亲民"的政治道德观，司法人员的人文素养，古代行政立法、监察制度及廉政建设及历史上"变法"的经验，等等。① 这些著作具体呈现出以下两大特点。

一、研究方法呈现多样化趋势

除了传统的比较研究方法之外，法律社会学、文化解释学、历史考证与法理分析、文化比较与经济探讨相结合等方法也运用到了中国传统文化的研究中。

（一）发展了的比较研究法

以往的比较法研究存在严重的缺陷，主要表现在以西方法的模式为准则，脱离了中国的具体背景，苛责中国传统文化。与以往的比较研究法不同，美国学者高道蕴（Karen Turner）的如下论述为我们设计了一个比较文化研究的方法论问题，值得我们关注：

> 当试图运用西方经验为基础而形成的范畴分析古代中国时，必须慎重。这有许多合理的理由。首先，只有被比较的法律发展时代相类似，对中国法律史的比较研究才能提供有益的材料。而人们往往以仅仅适用于近代西方制度的标准判断早期中国的缺陷。例如，如果认为由成文宪法界定的正式的分权制、一种独立的司法机构以及一个法律专家阶层对于健全的法律制度来说是至关重要的，那么任何古代政府都缺乏这些近代的观念。如前所言，这些观念在西方本身也是比较晚才发展起来的。②

在进行中西法律文化的比较研究时，应注重相同社会形态中法律之间的比较，而不是以西方近代的法律观念为标准来评判中国古代的法律制度和法律观念（即不应以"西方中心论"的立场来衡量中国古代法），否则就会带来某种荒谬

---

① 张中秋：《中西法律文化比较研究》，南京大学出版社，1999；武树臣：《中国传统文化》，北京大学出版社，1994；武树臣：《中国传统文化的历史遗产》，《中央政法管理干部学院学报》1995年第3期；张晋藩：《中国古代行政管理制度的历史评价与借鉴》，载张国华主编《中国社会主义法制建设的理论与实践》，鹭江出版社，1986。

② 高道蕴、高鸿均、贺卫方：《美国学者论中国法律传统》，中国政法大学出版社，1994，第223页。

的结果。

(二) 法社会学的研究方法

法社会学的研究方法是西方法学者不满于传统法律形式主义研究方法的结果。法社会学研究方法的一个基本前提就是承认法律与社会的二元性结构特征，再在该理论前提的基础上，采用经验式的实证研究方法来考察法律和社会的互动关系。所以，与传统法律研究方法相比较，法社会学的研究方法更注重法律的社会起源、社会功能和社会效果。

运用法社会学的研究方法对中国传统法律进行研究的著作，尤以瞿同祖先生的《中国法律与中国社会》一书为代表。这部著作是透视中国古代法律制度和法律文化的经典之作，它依据大量的个案和判例，分析了中国古代法律在社会上的实施情况及对人民生活的影响，揭示了中国古代法律的基本精神和主要特征。若就该书的研究问题而言，其他学者也多有论述，但是，瞿先生选择和运用的方法却是与众不同的。他突破了传统的法律史研究方法，选取以法社会学的独特视角来把握中国古代法律制度，进而揭示出"法律与社会的关系"。瞿先生认为，法律是社会的产物，它出自特定的社会结构，反映特定社会的意识形态，是维护特定社会的秩序和伦理、道德观念的存在，所以，他把中国古代的法律制度置于中国古代社会这样一个宏大的背景之下加以考察，主要围绕家族、婚姻、阶级、宗教等社会性因素与法律的关系。他所关心的并不是对中国古代法律制度的追根溯源，也不是对中国古代法律具体形态的描述与分析，他所关注的是法律背后的社会，关注社会的变与不变对法律的影响。他将中国两千多年的封建社会作为一个整体背景来向读者揭示中国古代法律在历史上有无变化、有多大变化，以及其基本精神有没有变。①

(三) 文化解释学的方法

把法律与文化联系在一起来讨论，早在孟德斯鸠的著作中就可以看到。他在《论法的精神》一书中探讨了政治宗教、习俗礼仪、风土人情、地理气候等社会现象对法律的影响，促使人们的法律认识转向"对法律的文化层面的注意"。②

把法律认识置于法律与文化之间，不仅为法学研究开辟了一片新天地，还使法学研究增添了一种新方法。对法律的文化解释有一个从单一迈向双向的视角转变，这种让法律与文化在对话中相互提升的转变呈现出一种包容和多元的方法态

---

① 瞿同祖:《中国法律与中国社会》，中华书局，2003。
② 千叶正士:《法律多元——从日本法律文化迈向一般理论》，强世功、王宇洁译，中国政法大学出版社，1997，第33页。

势。同时,文化方法的法学运用还表现出它在沟通异质法文化与变革传统法文化方面的方法论意义。

近年来,国内运用文化解释学的方法对中国传统文化进行研究的著作,以梁治平的《寻求自然秩序中的和谐——中国传统文化研究》一书为代表。以往对中国传统文化的研究,多用西方人对法律概念的理解来剖析中国法律文化,还未剖析就已戴上有色镜框,研究结果近乎千篇一律,认为"中国自古无法治传统,只有严密法制所维护的人治传统"。而梁治平先生却另辟蹊径,以文化解释学的方法,从植根于中国法文化内部的特定"文化式样"来研究中国传统文化中独特的"法的精神"。在广阔的历史和文化背景下,将中国法律传统作为一个具有内在合理性的有机整体来把握。书中利用大量文献、碑铭、案牍等文化符号进行剖析,由表及里、由浅入深地探入中国传统文化的内核,使一些文化中未经省察的传统受到注意,法律制度和法律行为中的意义结构被特别强调,古人的立场得到同情和了解,现代通行的概念和范畴被重新审视和批判,显露出中国传统文化独特的精神意蕴。读完该书,我们会清醒地认识到中国现代政治法律制度的整体建构,不仅要科学合理地吸收外来法律文化营养,还要丢弃国人长期抱持的急功近利的心态,潜心消化中华本土丰厚的传统法律资源,将西方的法治精神理念和中国社会重人伦亲和的人文理想有机结合起来,这样必能创生出更完美的法治社会蓝图。[①]

(四)历史考证与法理分析、文化比较与经济探讨相结合的方法

张中秋的《中西法律文化比较研究》采用历史考证与法理分析、文化比较与经济探讨相结合的方法,从横向差异入手,围绕着差异进行纵横联系的阐释。该书以中西法律文化为比较对象,集中探讨了中西法律文化的八大差异及其成因和历史后果。该书在理论上有两点发展:其一,对近百年来国人有关中西法律文化差异这一问题的零散研究成果加以继承、评判,并首次较为系统地进行了研究,对有关中西文化的一些重大问题提出了自己的看法;其二,中西法文化是在各自的历史和社会环境中形成的,拥有各自鲜明的特色,都为各自的社会规范和发展作出了贡献。

对于该书中的一些观点,学界也有人质疑。比如该书第七章认为,中国传统文化的根本精神是人治。对此,中山大学的徐忠明认为不妥,因为"即使是传统中国,就法律制度的本性来讲,它还是要求国家权力(包括皇权)按照规章(法律、礼仪、惯例、祖制、天道等)办事"[②]。

---

① 梁治平:《寻求自然秩序中的和谐——中国传统文化研究》,中国政法大学出版社,1997。
② 徐忠明:《思考与批评——解读中国法律文化》,法律出版社,2000,第101页。

二、研究角度呈多元化趋势

从研究角度上看,越来越多的中国学者主张要回到中国的历史、场景和立场上来,从中国社会本身发展的角度对中国传统法律进行探讨。

在人类发展史上,基于人类社会的共性,法的产生和发展当然具有普遍的规律。但是,人类社会伊始,其生存形态、社会组织方式、原始的信仰都与其生活的地理环境有着密切的联系。不同的地理、经济、政治、社会环境,造就出不同的文化类型,也使法产生的路径、偏重的内容、追求的理想、发展的规律、社会作用等不尽相同,因此,不同地区和国家的法文化有着不同的表现特征和发展模式。以某种法律文化模式为标准去评判其他法文化的优劣无疑是一种偏见。[①] 美国史学家柯文的《在我国发现历史——中国中心观的兴起》在我国出版以后,得到了不少积极的回应,中国法律史学界也出现了一批从中国自身的角度对传统文化进行研究的著作和论文。

马小红所著《礼与法——法的历史连接》一书,就是从中国社会本身发展的角度对中国传统法律进行探讨的代表性作品。

该书最吸引人之处,是作者对近代以来有关中国传统法研究的方法与视角进行了深刻的反思,对以西方模式、价值观为唯一标准而剖析、评价中国传统法的模式提出了大胆的质疑,并指出了这种牵强附会、僵化机械的对比所造成的人们对中国传统法的诸多偏见和误解。

通过整理20世纪中国法律史的相关研究,作者指出,一百余年来我们研究的最大失误在于,越来越强调传统的礼与法的矛盾和对立,而忽略传统法是礼与法的"共同体";在中国传统法体系中占主导地位的是"礼",礼是法的精神的凝结和体现;研究中国传统法的难点并不在梳理浩瀚的资料和整理一些只留下蛛丝马迹的法条,真正的难点在于对礼的宗旨的把握和感悟;只有当我们理解了礼在传统文化中的地位,理解了作为传统法的精神——礼的价值追求时,我们才会真正感受到传统法的博大精深与开明之特征。

作者指出,百余年来,对于中国传统法的一些独到之处,我们常常受西方学者的影响而给予消极的评价。例如,由于受孟德斯鸠的影响,我们将"中国传统法缺乏宗教信仰的支持""中国传统法只注重法律的控制作用,而忽视或漠视法的价值""中国古代社会是专制无法的社会""中国古代有法律而无法学"等奉为"定论"或在

[①] Cohen P A, Discovering History in China: American Historical Writing on the Recent Chinese Past(New York: Columbia University Press, 1984).

教材中列为"通说"。作者以丰富的中国传统法资料,在破除种种"定论""通说"的同时,也充分展现了其不依傍于任何权威、独立探索的可贵品质。

作者认为,法的不同发展模式是世界不同民族、国家和地区的人民智慧的结晶,中国传统文化以"和谐"为最高追求,其中蕴涵着丰厚的可以利用的资源;梅因及孟德斯鸠所认为的西方法是促进社会进步的动力,而东方法是制约社会发展的障碍以及西方法优于东方法完全是一种偏见;法的现代化等同于西化的时代早已过去,法的发展模式应是"和而不同";中国自清末以来对传统法矫枉过正,使法的变革缺乏传统动力的支持,这是近代以来中国法的变革举步维艰的重要原因;在法的未来发展中,中西方传统法中的精华都可以作为现代法的营养而被汲取;今天的我们不仅有条件而且有责任对5000年前的传统法进行发掘,并将其贡献给世界,贡献于未来。①

近年来,学者们在中国古代法的"自然法"方面也有新的认识。其突出表现即认识到"道"是支撑中国传统法律的内核,以此探求中国传统法律来源的合法性问题。代表这一思路成果的有郭成伟、孟庆超的《论"天道"观对中国传统法律的影响》和龙大轩的《道与中国法律传统》。其中龙大轩的《道与中国法律传统》对此讨论尤为详细,诚如有论者指出的那样,该书作者"在广稽史料与小心求证的基础上,最终得出结论,道乃是中国文化传统的支点,而中国传统法律则应理解为融合在儒家思想中的'礼法'。道为礼与法提供了一个最高范畴和绝对价值;并且,道又通过道法、道术等各种渠道层层渗透进中国法律传统之中,质言之,道既是中国传统法律'合法性'的来源,同时也体现为实际操作中某些技术性要素"②。

此外,张晋藩所著的《中国法律传统及其近代转型》、梁治平所编的《法律的文化解释》、武树臣等所著的《中国传统文化》、马作武所著的《中国古代法律文化》、徐忠明所著的《思考与批评:解读中国法律文化》、张中秋所编的《中国法律形象的一面:外国人眼中的中国法》、刘俊文主编的《日本学者研究中国史论著选译·法律制度》、何勤华所著的《中国法学史》等在中国传统文化研究领域都较有影响。

海外汉学界对中国传统文化的研究也提出了许多令我们耳目一新的观点。

美国哈佛大学法学院东亚法律研究中心研究员高道蕴在一篇题为《中国早期的法治思想》的论文中说:"本文试图论证,人们通常认为对'法治'思想来说是基础性的某些概念,可以在产生于这个时代的著述中发现,这个时代经历了公元前221年中国第一个中央集权国家的建立……以及在公元前206年以后汉代帝国的逐渐巩固。我要说明的是,在国家建立这一时期出现的法律理论虽然支持权力主义的

---

① 马小红:《礼与法——法的历史连接》,北京大学出版社,2004。
② 龙大轩:《道与中国法律传统》,山东人民出版社,2004。

政府,但是它并不必然认可一种专制的、不受法律限制的对权力的滥用。"[①]高道蕴的上述见解是很有新意的,它启发我们不能只着眼于中国早期的"法治"与西方近代"法治"的对立,还应看到它们之间的某些相通之处。

高道蕴甚至还提出了一个大胆的观点,即"法治的最终目标——使君主服从法律,在中国早期就有人探讨"[②]。正如我们所知,先秦法家中确有一些学者持有这样的见解。例如,《管子》中就有"君臣上下贵贱皆从法"、君主"置法自治,立仪自正"等言论,足见高道蕴的说法并非没有根据。

美国汉学家金勇义对中国传统文化有精深的研究,其所著的《中国与西方的法律观念》具有很高的学术价值。他对中国古代权利观念进行了探讨,认为:"中国传统的法律制度,除去命令和禁律外,也包含许多明确的和不那么明确的旨在确定诸如财产权和人身权的法律条文。"[③]承认中国古代的法律制度也在一定程度上保护个人财产权和人身权,这不能不说是一种十分有价值的见解。金勇义在他的书中还专辟一章"中国传统中的自然法观念",对自然法问题进行了系统的探讨。他认为,自然法概念在本质上是要表明法律的道德原则,它首先是一个道德价值的概念。他引用了西方法学家斯通在《法律的范围和作用》中的一段话:"自然法思想,无论在什么时代,无论以什么形式出现,在本质上都是崇信价值标准的一种主张。它是一种信仰的主张,而不是一种示范性的主张。它的理论武器是正当理性、自然及其附加物、理性的自然、自然的状态、遵循自然等。"他根据以上论述,断定中国的自然法就是这样一种"崇信价值标准"的自然法。在他看来,这样的自然法是以"仁"和"义"为原则,以"忠"和"孝"为内容的。[④]他还进一步探讨了自然法在中国传统文化中的作用,指出:"为限制皇帝绝对独裁的权力提供合法的依据,这样一种更高级的法律就是自然法。"[⑤]

金勇义对中国传统文化的探索从总体上看是富有成果的,提出了一些发人深省的精彩观点。如他对中国自然法问题的研究、对中国古代权利观念的研究、对法律与道德关系的分析等,都很有见地。作为一个在西方文化环境中成长起来的学者,对中国传统文化的研究能达到如此高度是不多见的。

布迪(Bodde)与莫里斯(Morris)是美国宾夕法尼亚大学东亚研究系的教授、著名汉学家。他们合著的《中华帝国的法律》在学术界享有盛誉。该书认为,"与西方

---

① 高道蕴、高鸿钧、贺卫方:《美国学者论中国法律传统》,政法大学出版社,1994,第213页。
② 同上书,第226页。
③ 金勇义:《中国与西方的法律观念》,陈国平等译,辽宁人民出版社,1989,第108页。
④ 同上书,第73页。
⑤ 同上书,第165页。

法律相比,中华帝国的法律在有些方面更加人道,更加合理"[1]。如,在古代中国,盗窃除非赃值巨大,一般不处以死刑;而在工业革命前的英国,法律规定,盗窃超过五先令者判处死刑。又如,清朝死刑有一种"监候",即被判处死刑的罪犯需要等到来年的"秋审"之后再执行,但实际情况一般是减免刑罚。再如,法律对犯罪的老人(70岁以上)、儿童(15岁以下)以及身体有病者可减免刑罚,也体现了儒家的人道主义精神。

接着,作者还考察了"法律与宇宙和谐"的问题,写道:"中国人还认为,对社会秩序的破坏,也就是对宇宙秩序的破坏,因为在他们看来,人类生活的社会环境与自然环境是一个不可分割的统一体。"[2]布迪、莫里斯认为,根据道家的观点,人类社会与自然界通过无数的相关物紧密联系在一起,以致其中任何一方的秩序紊乱都会引发另一方的不安定。为了避免这种情况的发生,统治者的首要任务是提高自己的道德修养,务必要促使各种社会制度与自然的秩序协调一致,并通过具有迷信色彩的祭祀活动来维持宇宙秩序的和谐。

实际上,早在17、18世纪的欧洲,就已经有人对中国传统文化当中的积极因素进行了系统的研究,并有许多精辟的论断。

18世纪法国著名的经济学家魁奈(Quesnay,1694~1774)因撰写《中华帝国的专制制度》一书被誉为"欧洲的孔子"。该书对中国古代政治持肯定和赞扬的态度,认为中国古代的政治是合法的专制政治,皇帝是合法的专制君主,对中国传统文化也作了肯定性论述。

魁奈指出了法律在传统中国所发挥的权力约束作用,认为:"在那个帝国里,所有成文法的唯一目的,就是要维持这个政体的形式,没有任何权力能够凌驾于这些法律之上。在古典著作中可以找到这些法律,这些古典著作被视为神圣的,称作'五经'……"魁奈还考察了中国封建政治中的谏议制度。他指出:"中国的法律无论什么时候对劝谏皇帝的惯例都给予鼓励,法官们和大官们可以自由地、无所畏惧地劝谏……如果皇帝不考虑这些劝谏,并把自己的不满施加于有勇气抓住社会问题的官员身上,他将受到歧视,而这些官员却要得到奖赏,他们的名字将要以各种形式的荣誉和表扬,永远受到人们的纪念和歌颂……残酷的皇帝在中国毕竟是少数,他们的政府不是一个残酷的政府,它的基本宪法是不受皇帝控制的。"魁奈还批评了那些否定中国封建政治的学者的观点。他说:"中国统治者的专制主义和绝对权力被我们的政治作家大大地夸大了,或者说至少他们以非常厌恶的态度看待他

---

[1] 布迪、莫里斯:《中华帝国的法律》,江苏人民出版社,1995,第28页。
[2] 同上书,第31页。

们。"①针对孟德斯鸠对中国刑法的批评,他反驳道:"……在中国,打屁股确实是对罪犯的一种惩处,就像在其他国家中,鞭打、做苦工一样,其目的都是相同的。难道存在没有刑法的政府吗?"②

魁奈的论述确实存在着对中国的政治与法律进行"善意"美化的倾向,但是他对中国传统文化的认识也的确有深刻的一面。

18世纪法国著名的启蒙思想家伏尔泰(Voltaire,1694～1778)对中国传统文化的评价也颇高。伏尔泰认为,从很远的古代起,"中国人就在法制之下生活。试想,在那样一个君主统治的法制国家里,怎能不让人联想一个令人惊异的古文明?"③在他看来,中国的封建政治是一种法制政治,而这种政治创造了一个灿烂的文明。

第三节 中国传统文化的现代意义

法国艺术哲学家丹纳曾说过,一些民族,"在最初祖先身上显露的精神本质,在最后子孙身上照样出现"④。在文化的流变中,没有任何一个人能抛开历史、传统的束缚来看待这个世界。法律文化的传统与现代往往是交融在一起的,作为一个活的历史连续过程,传统文化并未因其是过去的东西而完全丧失自身的价值。

一、传统文化:法制现代化的历史与逻辑起点

传统文化作为一种历史文化力量,具有深厚的社会基础,存在于普通民众的法律意识、心理、习惯、行为方式以及生活过程之中,在某种程度上,传统文化成了社会成员信仰或认同的载体。传统文化作为这样一种历史惯性机制,构成了一个新的社会法律发展的历史起点。

中国传统文化以自然经济为基础,以宗法伦理为核心,体现了农业文明的精神与价值取向,这与体现工业文明的精神和价值取向的现代法制无疑会有许多矛盾与冲突之处。但是,传统文化作为历史上世代相传的法律调整之经验积累,其中必

---

① 清华大学思想文化研究所:《世界名人论中国文化》,湖北人民出版社,1991,第56-58页。
② 同上书,第59页。
③ 同上书,第63-64页。
④ 丹纳:《艺术哲学》,傅雷译,天津社会科学院出版社,2004,第354页。

有一些超越时空的合理内容。我们在看到二者存在矛盾与冲突的同时,也应看到它们之间相容的可能性。

传统文化与现代法制相容的可能性,首先源于文化本身的延续性。历史唯物主义告诉我们,任何一个社会都不能割裂历史,都不能完全摆脱与过去传统的联系。法律文化作为人类历史的积累和沉淀,亦有其自身的延续性与继承性。事实上,任何一个国家的法制变革,都不能彻底抛弃传统,因为法律传统"不仅仅是历史地存在的过去,而且还是历史存在的现在,它在一定历史时代可以达到高峰……具有不可被取代、排除或消灭的生命力"[①]。西方法制的发展进程,从来也没有忽视对以往文化经验的吸收:如构成现代英美法系基础的普通法和衡平法,亦是其自身法制长期发展的结果;现代西方的民法体系,渊源于古罗马的私法制度;等等。

作为中国传统文化孕育的产物,中国传统社会法律在许多方面体现着中华民族的独特的气质和心理,深刻影响着广大中国人的法律心理与行为,制约着他们对法律的态度以及对法律的认同感。传统文化是一种非常重要的社会凝聚机制,离开一定的法律传统文化,社会秩序的内在历史根基往往是不牢固的。正如公丕祥教授所指出的:"缺乏世代相传的民族法律文化心理的支持与认同,无论现行社会秩序受到现行法律规则的怎样强化,它也是脆弱的、不稳固的。"[②]

二、传统文化:法制现代化的文化资源

从一定意义上讲,在我国,法制现代化的过程就是实现依法治国、建设社会主义法治国家的过程。那么,这一转型过程的资源取向是什么呢?对此,学者们提出了不同的主张:有的认为中国的法制现代化应以移植西方法律为主,有的提出中国的法制现代化必须寻求本土资源,并由此形成了法学界激进主义与保守主义的论争。[③]

实际上,中国的法制现代化既要学习西方优秀的法律成果,通过法律移植缩短距离,又要从传统文化中找寻精华,挖掘传统文化中的宝贵资源。从一定程度上说,对西方法律的移植与借鉴,不仅是必要的,也是有益的。它既可以使我们降低法制建设的成本,又可以使我们最大限度地参考国际惯例,尽快与国际接轨。但是,法律移植是一项风险性极大的活动,如果植入的法律不合乎本国国情,不能将

---

① 汤唯:《法律西方化与本土化的理性思考——也论中国法律文化现代化》,载《法的移植与法的本土化》,法律出版社,2001,第310页。
② 公丕祥:《法制现代化的理论逻辑》,中国政法大学出版社,1999,第355页。
③ 谢晖:《规范选择与价值重建》,山东人民出版社,1998;梁治平:《法辨:中国法的过去、现在与未来》,贵州人民出版社,1992。

移植的法律本土化,势必会导致"橘生淮南则为橘,生于淮北则为枳"的后果。① 早在200多年前,孟德斯鸠曾这样告诫人们:"为某一国人民而制定的法律,应该是非常适合于该国人民的。所以,如果一个国家的法律竟能适合于另一个国家的话,那只是非常凑巧的事情。"② 在《论法的精神》一书中,他详细论述了法律在国与国之间适用的障碍因素:一是环境因素,包括气候、土壤等地理因素,生产方式、人口、财富和贸易等社会因素,以及宗教、传统和习惯等文化因素;二是政治因素,如政体、国体的性质和原则等。

改革开放以来,我国的法制建设在外观层面上取得了较大成功。我国以前所未有的高速度进行了大量的立法工作,建立健全了多项制度,但在法制的内在层面上同发达国家仍存在一些差距。这些事实向我们昭示:单纯的法律移植若不能与本国的实际相结合,扎根于本国社会的文化土壤,往往是事倍功半或仅仅流于形式的。对此,朱苏力先生曾强调指出:"中国的法治之路必须利用本土资源,注重中国法律文化的传统和实际。"③

关于中国法制现代化的本土资源,朱苏力认为其寻找途径不外乎两个:一是从传统文化中寻找,二是从广大人民的社会实践中寻找,即所谓"活的法"。至于后者,限于本书的主旨与篇幅,这里不作过多探讨,而将研究重点放在传统文化上。

在寻求本土资源的过程中,传统文化之所以能占有一席之地,理由主要有两个:

第一,中国传统文化历史悠久、积层深厚、博大精深的体系里包含很多优秀的成分。如主张德法并用的治国思想,强调社会本位、追求秩序和谐的法制理念,成文法、判例法共存及制定法与民间法并列的"混合法"模式,"无讼"价值观下节约成本的社会矛盾调解机制,"法不阿贵""刑无等级"的守法观念,司法中"亲亲相容隐"的人伦主义,"慎刑恤狱"的司法人道主义,"实质正义"的司法价值取向,"亲民"的政治道德观,司法人员的人文素养,古代行政立法、监察制度和廉政建设以及历史上"变法"的经验等,④这些超越时空的合理因素,构成了中国法制现代化的重要传统资源。

在实践中,较早地走上法制现代化道路的日本,就是十分注重对传统文化的保留和发扬,从而顺利走上法制现代化道路的典型。例如,《明治宪法》中有许多条款

---

① 王运红:《新邑易建,民俗难迁》,《兰台世界》2006年第11期。
② 孟德斯鸠:《论法的精神》上册,张雁深译,商务印书馆,1982,第6页。
③ 苏力:《法治及其本土资源》,中国政法大学出版社,1996,第6页。
④ 张中秋:《中西法律文化比较研究》,南京大学出版社,1999;武树臣:《中国传统文化》,北京大学出版社,1994;武树臣:《中国传统文化的历史遗产》,《中央政法管理干部学院学报》1995年第3期;张晋藩:《中国古代行政管理制度的历史评价与借鉴》,载张国华主编《中国社会主义法制建设的理论与实践》,鹭江出版社,1986。

规定日本是一个"家族国家"。在《日本民法典》第四编和第五编即亲属法和继承法中,日本以儒家伦理道德为家庭生活基础的保守的家族制度仍占据着十分重要的地位。① 尤其是日本传统文化中的一些精华成分,如契约领域中的诚实信用,处理民事纠纷的和解制度,劳工立法中强调雇主对雇工的爱护、雇工对雇主的真诚,等等,经过发扬光大后已经成为日本现代法律文化的重要组成部分。

第二,中国传统文化独具特色,是世界多元法律文化体系中的重要一元。中国传统文化曾有过辉煌的历史。众所周知,作为世界四大文明古国之一的中国,有着悠久的文明史,古代中国人创造了先进的文化,"在近代以前时期的所有文明中,没有一个国家的文明比中国更发达、更先进"②。在中国传统文化中,传统文化自成体系,其中古代法典编纂达到了很高的成就,"按照现代以前的任何标准来看,中国法典显然是自成一格的巨作"③,"有关正式的中国法律的文献不仅数量多,容易理解,而且其适用的时间,比所有现代国家法律的历史都更长久"④。至唐代,中国传统文化发展到了顶峰,对周边东亚诸国产生了深远的影响,形成了独具特色的中国法系。虽然到了近代,在列强坚船利炮的威逼下,中国被迫国门洞开,被强行拉入了世界体系范围,在欧风美雨面前,中国法系失去了昔日的光辉,沦为"落后""野蛮"的代名词。从晚清"新政"开始,中国开始了艰难的法制近代化的历程,从那时起,中国法治变革的参照物就是西方法律文化,西方法律文化成为法律移植的主要对象与评判法治变革成效的主要标准,中国传统文化备受冷落,沦为受批判乃至受攻击的对象。但是,正如马克思所指出的,"无论政治的立法或市民的立法,都只是表明和记载经济关系的要求而已"⑤。因此,"在法的问题上其实并无真理可言,每一个国家依照各自的传统自定制度和规范是适当的"⑥。对中国传统文化来说,它根植于古代中国农业社会,与当时的经济、政治和社会文化、思想相适应,有其存在的内在合理性,那种单纯地以西方法律文化为标准来衡量中国传统文化,并且只注重二者的分野,并进而由此得出结论,说明中国传统文化落后的观点是错误的。

在现代多元文化的世界上,西方中心主义的文化价值指向和法律价值指向已受到人们的批判。每个国家都有其确定的法律文化体系,它扎根于本民族、本国度深厚的社会土壤之中,因而有着自己相对独立的道路和方式。因此,每个国家都应

---

① 多田利隆:《欧洲法在日本的接受和日本化》,载《东亚法律经济文化国际学术讨论会论文集》,中国大百科全书出版社,1993,第268页。
② 保罗·肯尼迪:《大国的兴衰》,中国经济出版社,1989,第7页。
③ 费正清:《美国与中国》,张理京译,世界知识出版社,1999,第85-86页。
④ 布迪、莫里斯:《中华帝国的法律》,朱勇译,江苏人民出版社,1998,第4页。
⑤ 《马克思恩格斯全集》第四卷,人民出版社,1985,第121页。
⑥ 勒内·达维德:《当代主要法律体系》,漆竹生译,上海译文出版社,1984,第2页。

有自己独特的法制现代化之路,每个民族的法制现代化都应有自己的特色,这个特色就是传统在现代化中的活力的体现。一个民族如果只懂得否定自己的传统,而不善于批判地继承这种传统,使之与现代化相结合,就说不上是一个成熟的现代民族。

在看待传统文化时,尤其进行中西法律文化的比较研究时,有学者把传统文化归纳为人治、专制、特权、封闭等,而对应地把西方法律文化归纳为法治、自由、民主、平等、权利、开放。这种比较只看到了法律文化的某些特性,而不是全部规律性。实际上,一个国家的法律文化总是在各自具体的民族环境和地域中产生和发展起来的,法律作为一个民族的历史、文化、社会价值观念的集中表现,没有两个国家的法律是完全相同和相似的。因而法律文化是民族的,是各民族文化在法这种文化现象上的反映和折射。传统法文化与西方法律文化各具特色,各有其积极与消极的层面。"如果以西方法文化为标准来衡量中国传统文化,并且只注重二者的分野,并进而由此得出结论,说明中国传统法文化的落后与弊害,这是错误的。"①传统文化与西方法律文化各有其优劣点,在它们之间是不能分高低、大小和好坏的。西方法律文化着力反映了商品经济的共同要求,中国传统文化则更多地体现了自然经济的需要。但是,中西方两种法律文化也不是完全对立和排斥的,它们之间具有一定的互容性和互补性。人类法律文化中的积极因子,既有西方的,也有东方的,是东西方传统文化中积极因素的融合。

第四节　正确认识中国传统文化

学术界长期以来存在着将我国古典政治制度与法治完全对立,甚至全盘否定中国传统文化的倾向。许多人习惯于以国力强弱为标准来评价一国文化之"优劣",把西方的政治法律模式作为"进步"和"文明"的标尺去评判不同国家和地区的制度。与许多西方国家将其传统文化作为发展的动力相反,国内许多人曾一度将历史与传统当成现代制度建设的"包袱"。尤其是在法治研究领域,把近代中国法治建设之不足归罪于中国传治文化的观点一度盛行。直到今天,个别学者依然视中国传统文化如草芥,言法治必称西方。在一些人眼里,中国传统文化不仅没有法治的因子,而且还干扰了中国的法治建设工作。应该说,对中国传统文化的反思和批判,一方面促进了中国政治法律制度的现代化进程,但是另一方面也引起了人们

---

① 钱大群、夏锦文:《中国传统文化思辨》,《传统文化与现代化》1993年第6期。

对中国传统文化的诸多误解,甚至导致中国传统文化研究当中民族虚无主义的泛滥。

一、文化人类学视角下的中国传统文化

根据文化人类学的基本观点之一——文化普同观(Culture Universalism)的原理,人类自产生以来,其基本心理状态应该是大体相同的。不可能有哪一群人会比其他人群更接近类人猿,同样,也不可能存在哪一群人进化得比其他人群更高级。生活环境的差异尽管会产生面貌各异的文化,但基于人类心理状况大体相似这一根本前提,人类文化的不同部分也必然有着所有文化普遍具有的诸多共同特色。[①]

在法律文化领域,这一文化人类学原理同样适用。不同民族间的传统文化虽有差异,但在推动整个人类的文明进化方面也应该表现出一定的共通性。有着数千年悠久历史的中国传统文化,是人类文化宝库的重要组成部分。中华法治文明曾经成为周边国家效法的楷模,它影响了许多国家的法治文化结构体系和法律发展史。如果我们说"法治"是人类制度文明的重要标志,那么,博大精深的中国传统文化难道就不存在"法治"的因子? 实际上,只要我们客观地去研究中国的历史,并不难发现中国传统文化与现代制度文明的契合点。甚至在法治最核心的理念要素方面,中西传统文化都存在若干契合之处。笔者认为:就法治之要义——遏制权力滥用而言,中西传统文化中都具有这一要素,只不过中国传统文化和西方传统文化对于权力制约的方法和途径不同而已。西方传统文化强调法律对人之"恶性"的遏制,通过完善的制度来制约权力,从而实现社会公正;中国传统文化则更加强调弘扬人们的"善性",依靠统治阶层人物的修养和所谓的"天谴"来制约权力的滥用。中国这块土地没有自发生长出法治的制度来,其根本症结并非中国传统文化中缺少法治因子,而是另有原因。把近代中国法治建设中出现的问题完全归咎于中国传统文化,既违背了客观的历史事实,也不符合马克思主义有关经济基础决定上层建筑的基本原理。

当然,中国传统社会对于权力的制约方式与西方国家是大不相同的。但制约方式的不同并不能够说明制约的宗旨有什么差异,在遏制权力的滥用这一最终宗旨上,无论是中国还是西方,都没有任何不同。是否对权力进行制约和如何对权力进行制约,这是两个不同层次的问题。如果说西方历史上的分权制约模式更适合工商社会的话,那么传统中国的权力制约模式也许更适合古代中国这样一个以农

[①] 孙秋云:《文化人类学教程》,民族出版社,2003,第9页。

耕文明为特色的国度。古代中国历史上曾创造出令全世界的人都仰慕的辉煌，不就是一个最有力的证明吗？① 有人问"为什么古代中国没有产生分权制约权力的思想"，这就等于在问"为什么牛车上不装方向盘，驿道上不安红绿灯"，它们的逻辑是一样。中国古代有适应自身文明发展的权力制约模式，而且一度非常成功。这一法治基因之所以没有迈出走向法治制度的关键一步，首先是因为农耕社会自身尚没有这一需求，其次是法治基因自身的生长还需要具备特定的生态环境，诸如市民社会、市场经济、权力多元等经济、社会和政治制度方面的生态环境。或许有人会列举出一系列中国传统政治当中的专制事实来反对本书的观点，但是，"专制主义"是人类文明史上一个共同的经历②，不仅中国，西方亦是如此，甚至为我们所熟知的且被许多人视为人类法治开端标志而被津津乐道的13世纪英国《大宪章》也是，尽管以白纸黑字签名画押的形式对君主的权力作了明确的限制，仍不免很大程度上流于形式。众所周知，当时的英国国王约翰一生都没有真正遵守过这份文件。为此君臣之间甚至大打出手，内战一直持续到约翰去世还没有结束。而此后不久出现的都铎王朝的专制更是对《大宪章》嘲讽似的颠覆。比起中国皇帝们面对的成宪祖制，《大宪章》的效力也未见得好到哪去。但是，即便是在那些我们今天称为"专制"的时代里，古人也没有停止思索一些超越时代的人类社会课题。这类课题是所有国家共同面对的，这些思索的成果势必具有普遍的价值。这些思考因为历史的局限没有在当时就转化为制度构建，但是却成为后来制度构建的思想文化基因。正如《大宪章》，尽管未能使法治真正地在英国变为现实，但却保留下了法治的基因。在西方，无论是强盛的罗马帝国时期还是漫漫长夜的中世纪，都未能中断这一基因的传承。从这个意义上来说，那些时代的西方文化也存在着法治因素，问题只是一直缺乏系统宪政制度而已。近代资产阶级革命之后，这一基因终于在适宜的生态环境中生长发育为成熟的法治制度。既然我们承认法治的基因存在于《大宪章》的精神乃至古罗马的文化里，为什么就断言中国传统文化中没有法治的基因呢？

　　诸多历史资料告诉我们，中国古代的权力，包括君权，不是没有制约的。与西方社会一样，中国社会尽管也经历了专制的历史阶段，但专制的历史并不能使中国人停止对人类社会共同面对的一些课题的思考与努力探索。中国传统文化当中同样蕴涵丰富的法治基因，尽管在表现形式上与西方不同，但限制权力的宗旨并无二致。传统中国的权力制约模式是从中国传统社会的土壤里生发出来，并适应中国传统社会要求的。对中国传统文化的指责甚至摒弃发生在中国农业社会走向解体

---

① 王运红：《中国传统文化中的宪政基因》，《天中学刊》2008年第1期。
② 张分田：《中国的帝王观念》，中国人民大学出版社，2004，第55页。

之际。许多学者颠倒了工业文明与宪政制度产生的因果关系,所以才有摒弃中国传统文化之思潮。

我们要避免两个极端:一个极端是认为中国传统文化当中缺乏法治的资源;另一个极端是中国自古就有"法治"。这里想借用遗传学的一个理论来说明。

根据遗传学的理论,一种生物的性状有两种表现形式:一种是潜在的,以基因形式存在,称为"基因型";另一种表现形式是外在的,称为"表现型"。某种性状可能会以基因的形式遗传下去,直到遇到适宜的生态环境,这种潜在的基因才能够生长发育为外在的表现型。用一个简单的公式来表示,即基因型+环境=表现型。套用此公式,我们认为:中国传统文化当中不乏法治的基因,但仅仅是基因而已,因为它没有生长为外在的表现型即成熟的法治制度。其根本原因在于古代中国不具备有利于法治基因生长的生态环境。所以,尽管传统文化中的法治基因一直以潜在的方式代代相传,却始终没能发育成法治的制度。

根据文化遗传学的理论,我们还可以认为:法治的基因要转化成法治的表现型——成熟的法治,需要适宜的生态环境,这种适宜的生态环境有利于法治基因的充分表现和发育,并抑制那些不利于法治基因表现和发育的不良因素。在这样的环境下,法治的基因就会逐渐演化为法治的表现型即成熟的法治。相反,如果只存在法治的基因,而生态环境不利于其表现和发育,甚至可能抑制其表现和发育,则法治基因无论如何也演化不成成熟的法治。

尽管中西文化当中都存在着法治的基因,但是中国与西方在法治的生态环境方面有着巨大的差异,西方国家在市场经济初步发达、市民社会渐趋成熟、政治民主化逐渐完善的前提下,其法治基因在适宜的生态环境中才发育为较成熟的法治制度。中国传统文化中尽管也蕴含着法治的基因,但是由于古代中国社会不具备适宜法治基因生长的良好生态环境,法治基因的生长发育遭到了很大的抑制和破坏,怎么可能完成由基因型向表现型的突破呢?我们既不应因为中国历史上未存在过法治的制度而否认中国传统文化中存在法治基因的事实,也不应因为中国传统文化中存在法治的基因而认为中国古代就有了法治。法治的基因不能混同于法治的现实制度,它们是两个根本不同的概念。

总之,西方的法治不是凭空发生的,而是其传统文化中法治基因在适宜生态环境中的升华与发展。法治基因的成长需要独特的"生态环境"——经济、政治、文化等环境。这些环境因素的出现与宪政具有相关性,借用杜维明先生的概念就是"选择的亲和性"[①],中国只要具备了适宜的政治、社会和经济生态环境,中国传统文化当中长期蛰存的法治基因也一定会焕发出勃勃生机,实现基因型向表现型的突破,

---

① 杜维明:《现代精神与儒家传统》,生活·读书·新知三联书店,1997,第1-3页。

生发出法治的参天大树来!

二、儒家民本思想与法治精神的关系

民本思想是儒家社会治理思想的基础。孔子把"刑",即当时的"法",与礼、乐、政并列为治理国家的手段和措施。孟子提出"民贵君轻":"民为贵,社稷次之,君为轻。"①荀子提出:"君者,舟也;庶人者,水也。水则载舟,水则覆舟。"②提示统治者必须以百姓为根本来制定各项制度,包括法律。这种民本主义思想同现代社会的"法治"精神有共同之处,它激励了一些仁人志士推动社会向法治社会转变。例如,明末清初的黄宗羲(1610~1695)提出:"天下为主,君为客。"(《明夷待访录·原君》)"民"是天下社稷的主人,"君"只是天下社稷的客人。如果君主以己为主,以天下为客,在占据统治地位之后,"唯恐其祚命之不长也,子孙之不能保有也,思患于未然以为之法。然则其所以谓法者,一家之法,而非天下之法也"(《明夷待访录·原法》)。不顾天下万民这一主人(主体),颠倒主次,从自己一家一姓的利益出发制定有利于自己而不顾天下万民的法律,这样的"法"黄宗羲称为"非法之法",是危害天下的法。显然黄宗羲已经看到,社会国家的治与乱取决于"法"究竟是为"天下之民"这个"主"服务,还是为"君"这个"客"服务,这既取决于人,更取决于法,故而提出了"有治法而后有治人"的法治思想。主张以"天下之法"取代皇帝的"一家之法",从而限制君权,保证人民的基本权利。显然,黄宗羲这里已经走出了先秦儒家经验式的民本主义,而开始思考用法来约束君主。不只如此,黄宗羲还主张对君主的权力也要进行制约,制约的标准就是"天下为主"。西方法学家 John W. Head 认为,不能用西方的法治观点来衡量中国的法治状况,不能说中国没有法治传统。③尽管"民本主义"同现代"法治"精神并不完全是一回事,但也有联系。美国汉学家狄培理于1953年写成了有关黄宗羲思想的博士论文。根据他的研究,黄宗羲的"法治"思想提倡以制度限制君权,而不是像"民本主义"提倡的靠君主本身的自省来限制自己的权力,这是思想上的一大进步。"法治"同"法制"最大的区别在于是否对最高权力通过法律和制度加以限制。而黄宗羲的这一思想恰恰是"法制"转化为"法治"的关键。这些观点已经在一定程度上接近近代西方以法约束君主及其统治机构的设置和权力配置。黄宗羲的思想不仅在明末清初有巨大影响,在

---

① 《孟子·尽心下》。
② 《荀子·哀公》。
③ John W. Head, *China's Legal Soul*: *the modern Chinese legal identity in historical context* (Durham, North Carolina: Carolina Academic Press, 2009), p. 128.

300年后的清末和民国初期又激励了许多中国现代化精英。陈天华(1875~1905)认为黄宗羲是"孟子以后第一人",他的民主思想比法国启蒙思想家卢梭(1712~1778)还早。梁启超高度评价黄宗羲思想的社会作用,认为如果不是清朝的入关,中国的现代化、民主化进程在黄宗羲等人的带领下同西方比不会相差多少。①

三、"黄老之学"中的法治因素

《汉书·艺文志》载黄老一派道家兼采儒、墨、名、法、阴阳诸家之长,用以治国。黄老学派以"无为"为基本理念,吸收了法治和礼治的主张,将儒、法两家的学说融入道家哲学体系内,形成了一种温和的法治主义。在黄老学派看来,"法"是"道"的衍生物,以法治国是道家无为之治的手段。这一学派从哲学的高度把刑、德与阴、阳联系起来,认为刑、德是实行法治不可缺少的手段,提出了礼、法并用的主张,认为礼治和法治同样是实现无为之治的手段。②

西方学者 Randall Peerenboom 注意到,"黄老之学"从理论上阐述了要通过法律限制统治者的权力,防止法律系统中官员对权力的滥用。这点同现代意义上的"法治"相似。对道家来说,最高的是"道",不是皇帝。这同那种认为世界上只有两种法律文化,即中国的集体主义文化和西方的个人主义文化不同。道家认为"道"是治理社会的唯一依据,"道"是最高的,"法"是最低的,也是最不重要的。

四、法家思想中的法治因素

西方学者 Karen Turner 认为现代"法治"的一些理念在中国两千多年前就存在。③ 这些理念包括怎样限制君主的权力。Turner 认为君主没有法律就很难治理国家的思想在法家代表人物商鞅(公元前395年~公元前338年)的思想里就有表达。在这一点上,中国的法家甚至比西方的亚里士多德看得还清楚。商鞅认为法律面前人人平等,刑罚不能考虑人的社会地位。④ 他比西方的亚里士多德更不相信君主没有法律可以治理国家。商鞅认为,明智的君主看重法律,他不应重视那些同法律无关的话,不应重视那些同法律无关的事情,不应重视那些同法律无关的活动。法家另一个重要人物管仲认为,从皇帝到政府官员,乃至平民百姓都要服从

---

① 华世平:《中国传统文化中的"法治"精神》,《辽宁大学学报(哲学社会科学版)》2015年第5期。
② 杨颉慧:《西汉前期黄老学说下的法律思想与法治实践研究》,博士学位论文,郑州大学,2007。
③ Karen Turner, "Rule of Law Ideals in Early China?", *Columbia Journal of Asian Law*, 1992.
④ 商鞅:《商君书》。

法律。

　　Turner 认为,法的"普遍性"是现代"法治"的基本要求之一,而这一点在韩非子(公元前 280 年～前 233 年)时代就存在了,如法家人物韩非认为法律面前人人平等。商鞅认为:"所谓一刑者,刑无等级。自卿相将军以至大夫庶人,有不从王令、犯国禁、乱上制者,罪死不赦。"(《商君书·赏刑》)由此可见法家强调的法律面前人人平等也包括君主。《管子·法法》中有:"明君知民之必以上为心也,故置法以自治,立仪以自正也。故上不行,则民不从彼;民不服法死制,则国必乱矣。是以有道之君,先民服也。"《淮南子·主术》中有:"是故人主之立法,先自为检式仪表,故令行天下。"管子认为,君主不可以随便修改法令,"不为君欲变其令,令尊于君"。法律不应成为保护有势力人的特权。Turner 不同意那种认为中国古代只有刑罚,没有法律的说法。在韩非子时代,范围比较宽的"法"和主要指刑罚的"律"还是有区别的。①

　　现代意义上的法律公开性在《商君书》和《韩非子》里也有表述。"故圣人为法,必使之明白易知,名正,愚知遍能知之","故圣人立,天下而无死刑者,非不刑杀也,行法令明白易知,为置法官,吏为之师,以道之知,万民皆知所避就,避祸就福,而皆以自治也"。②《韩非子》中写道:"法者,编著之于图籍,设之于官府,而布之百姓。"《韩非子·难三》载:"是以明主言法,则境内卑贱,莫不闻知也,不独满于堂。"表明法一定要让天下人知晓,主张法的公开性。法家主张"尚法""尊法",把法作为国家治理的根本,"法者,国之权衡也,时之准绳也。权衡所以定轻重,准绳所以正曲直"③。依法治国则国治,不依法治国则国乱。④

　　儒、道、法三家有关法的思想各有侧重,共同构成中国古代法制思想的主要内容。其中蕴涵的法治思想基因有着丰富的可供当代中国法治建设加以转化和利用的文化资源。

---

　　① Karen G. Tuner, James V. Feinerman, R. Kent Guy. *The Limits of the Rule of Law in China* (Seattle, WA: University of Washington Press, 2000).
　　② 《商君书·定分》。
　　③ 《贞观政要·公平》。
　　④ 华世平:《中国传统文化中的"法治"精神》,《辽宁大学学报(哲学社会科学版)》2015 年第 5 期。

第三章 天道观中的法治基因

一种制度要得到民众发自内心的认同,仅靠经验层面的论证是不够的,它往往需要超验的价值观作支撑。法治基因也是如此。一般而言,欧美各国的法治体制主要是以自然法观念为其价值根源的,西方文化中的自然法观念源自基督教信仰。如我们所知,中国传统文化当中既无"自然法"字眼,也无基督教信仰。所以,就有人认为中国传统文化当中不可能出现法治的因素。甚至有人曾提出了这样一种荒谬的设想:要在中国实行法治,先要完成中国社会基督教化的任务,如果把基督教变成中国社会的本土资源,法治在中国社会也就有了价值的根基。那么,在中国传统文化当中,是否也有一种超验的价值观,尽管不同于西方的自然法,但在为法治提供价值根基和合法性论证上却有异曲同工之妙呢? 回答是肯定的,这就是中国传统文化当中的天道观。所谓天道,即万物的规则、万物的道理,一切事物皆有一定的规则。天道观,即关于世界本原的根本观点。因其围绕着对天以及天人关系的不同理解而展开论辩,故称为天道观。

第一节 天 道 之 源

一、追溯天道之渊源

"天道"一词在《左传》中就已出现:"商人阅其祸败之衅,必始于火,是以曰知其有天道也。公曰:可必乎? 对曰:在道,国乱无象,不可知也。"[①]有学者考证认为这是古代文献中最早关于天道的记载。这里的天道主要是指星辰运行的法则以及根据天象变化来预测人事的吉凶。[②] 春秋后期的老子把"道"看作宇宙的本原和普遍

---

① 《左传·襄公九年》。
② 陈建明:《天道信仰及其现代价值》,《长安大学学报(社会科学版)》2012 年第 2 期。

规律。庄子则认为"道"是世界的终极根源。战国时期儒家学者所著的《易传》认为"道"就是对立面相互转化的普遍规律。《周易·系辞上》说"一阴一阳之谓道",把一阴一阳相互转化视为"道";又说"形而上者谓之道,形而下者谓之器",把"道"视为无形的抽象规律,与有形的具体事物区别开来。

  古代中国人对天道有两个层面的理解:一是自然秩序,二是社会秩序。自然秩序为人类建立社会秩序提供了效法的范例和样本,是社会秩序建立的基础。"天道盈而不溢,盛而不骄,劳而不矜其功。夫圣人随时以行,是谓守时。天时不作,弗为人客;人事不起,弗为之始。今君未盈而溢,未盛而骄,不劳而矜其功,天时不作而先为人客,人事不起而创为之始,此逆于天而不和于人。"①

  对于远古人类而言,天文、地形、水文、气象、时令、物候等自然条件是赖以生存的决定性因素,它们完全超脱于人类的理解和控制,变幻莫测,神秘难知。于是,早期人类对大自然的这种绝对依赖感造成了初民对自然万物采取宗教崇拜的态度,而其中最为神秘莫测的就是天。终古之世,人类的认识水平始终无法完全理解宇宙、破解自然奥秘,因而也就无法彻底摆脱由这种依赖感生发出的神性。正如费尔巴哈所言:"人的依赖感,是宗教的基础,而这种依赖感的对象亦即人所依靠并且人自己也感觉到依靠的那个东西,本来不是别的东西,就是自然。自然是宗教的最初原始对象,这一点是一切宗教和一切民族的历史所充分证明的。"②

二、探索天道之奥秘

  天道是中国传统文化的核心概念,论述中国传统文化不能不论及天道。因而,学界研究天道的著作颇多。这些著作大多是在研究某个专题或某位古圣先贤时因无法绕过而顺便提及,但也有少数几本著作对天道进行了专题式的系统研究,其中最具代表性的有郭沫若的《先秦天道观之进展》与李杜的《中西哲学思想中的天道与上帝》。上述两本著作都从殷周时代的天帝信仰梳理至战国末年荀子的天道思想,尤其是前者几乎框定了此后我国学界对天道的理解模式。《先秦天道观之进展》对天道观研究有开创之功。郭沫若认为先秦天道观发展的归宿是演变为自然界的理法,即自然规律,这与中国古代的天道自然思想相契合,也就是说,郭沫若研究后认为:在先秦文化中,天道、天道自然、自然规律三者乃为一体。李杜在《中西哲学思想中的天道与上帝》中提到:先秦时期的天道"可以与自然义的天结合而成自然义的天道,亦可与神性义的天结合而使天道成为天帝的道。又由于神性义的

---

① 《国语·越语下》。
② 费尔巴哈:《宗教的本质》,王太庆译,商务印书馆,2010,第1-2页。

天帝原具有仁爱的德性……亦可成为道德形而上的天道。天既是客观的独立存在,有至高无上与统摄万有的意义,故天道亦有客观独立而为人的公义的依据,是绝对的与究极的意义。又天不离万有而独自存在,而是与万有共成其为天,故天道亦有既超越而又内在的意义"①。

天道在中国古代文化中从一出现就具有了某种超越意义,它代表着一种人力无法战胜而又必须服从的力量或规律。这一无形却远胜于有形的力量无处不在,主宰着大自然的运行。汉初刘安等所著的《淮南子》在开篇《原道训》中对天道的这一性质描述得可谓生动形象且淋漓尽致。在《淮南子》的作者们看来,这种"高不可际,深不可测"的天道"覆天载地,廓四方,柝八极",无所不在。它变幻莫测,能屈能伸,或柔或刚,"植之而塞于天地,横之而弥于四海……舒之幎于六合,卷之不盈于一握。约而能张,幽而能明;弱而能强,柔而能刚",而世间万物莫不以天道为运行的法则,所谓"山以之高,渊以之深;兽以之走,鸟以之飞;日月以之明,星历以之行;麟以之游,凤以之翔"。

德国汉学家皮特·奥皮茨所著的《天道——古代中国政治思维的精神与形态》认为,中国古代的天道信仰超越于世俗政权之上并对世俗政权进行引导和规范,为世俗统治提供终极的价值源泉和评判标准。从这个意义上讲,天道起到了与西方基督教文化相似的作用。

三、天道与世俗权力的关系

早在夏代,统治者就已经开始利用天道为自己的统治披上一件合法的外衣。夏统治者一贯声称"有夏服天命"②。有扈氏不服,夏启兴兵讨伐,作《甘誓》,宣称:"有扈氏威侮五行,怠弃三正,天用剿绝其命,今予惟恭行天之罚。"③这就是打着代天行罚的旗号,理直气壮地对敌对势力大开杀戒。"殷人尊神,率民以事神"④,神权法思想在商代达到了登峰造极的地步。西周时期,"敬天保民"的天神观念更使中国传统文化长久以来形成的天人关系难解难分。⑤ 从此,人们要破坏一个旧秩序、建立一个新秩序,或者要维护既有的秩序,都会以不同的形式借力天道。即使是落草为寇、打家劫舍者,也要打起一杆"替天行道"的大旗为自己张目。

在古代中国,历代也都不乏力图借助于天威限制官员权力乃至君权的思想家,

---

① 李杜:《中西哲学思想中的天道与上帝》,联经出版事业公司,1978,第6页。
② 《尚书·召诰》。
③ 《尚书·甘誓》。
④ 《礼记·表记》。
⑤ 张维青、高毅清:《中国文化史》,山东人民出版社,2006,第50页。

他们试图在古代中国的权力运行机制中注入监督机制,使掌握权力者,尤其是君主在政治生活中不至于一意孤行,为所欲为。

第二节 天道之流变

一、天道观的形成

"中国古代思想世界一开始就与天相关。"①相传夏禹十分重视祭祀上天,自己吃得很粗劣,却把给上天的祭品置办得极丰盛;穿得很简朴,却把祭天的礼服做得很华丽。② 商王把自己神化为天的嫡传子孙,从而使商朝统治者从血缘关系上垄断了与天的交往,成为上天在人间行使统治权的唯一合法代理人。西周时期,"敬天保民"的观念更使"中国传统文化长久以来形成的天人关系难解难分"③。

"道"本义为道路,初见于西周的金文。随着人类思维的发展,"道"后来被引申为道理、法则、规律。这一变化经历了相当长的历史过程。《易经》中有"复自道,何其咎"(《小畜》),"履道坦坦"(《履》),"反复其道,七日来复"(《复》),都为道路之义。《尚书·洪范》中说:"无有作好,遵王之道;无有作恶,遵王之路。无偏无党,王道荡荡;无党无偏,王道平平;无反无侧,王道正直。"这里的"道",已经有正确的政令、规范和法度的意思,说明"道"的概念已向抽象化发展。春秋的《左传》有"臣闻小之能敌大也,小道大淫。所谓道,忠于民而信于神也"和"王禄尽矣,盈而荡,天之道也"之说。这里的道带有规律性的意思,表明道的概念已逐步上升为哲学范畴。在《尚书》《春秋》《国语》中既有比较抽象的天道、人道,又有比较具体的君臣、父子、夫妇之道。先秦诸子一方面把道引向认识的各个领域,把各种具体事物的道理提示给人们,另一方面把道逐步推向理论的巅峰,使它越来越具有抽象的意义。道家最先以道概括全部学说,奉之为最高范畴。其他学派也纷纷效法,相继升华了自己关于道的理论。

春秋后期的老子最先把道看作宇宙的本原和普遍规律。在老子之前,人们对生成万物的根源只推论到天,至于天还有没有根源这一点并没有触及。到了老子,

---

① 葛兆光:《中国古代思想史》,复旦大学出版社,1997,第19页。
② 《论语·泰伯》:夏禹"菲饮食而致孝鬼神,恶衣服而致美乎黻冕"。
③ 张维青、高毅清:《中国文化史》,山东人民出版社,2006,第50页。

开始推求天的来源，提出了道。他认为，天地万物都由道而生，"有物混成，先天地生，寂兮寥兮，独立而不改，周行而不殆，可以为天下母，吾不知其名，字之曰道，强为之名曰大，大曰逝，逝曰远，远曰反"①。老子认为道生成天地万物的过程是"道生一，一生二，二生三，三生万物"②。道生成万物之后，又作为天地万物存在的根据而蕴涵于天地万物自身之中，道是普遍存在的，无间不入，无所不包。道虽存在于天地万物之中，但它不同于可感觉的具体事物，它是视之不见、听之不闻、搏之不得的，是构成天地万物共同本质的东西。所以，人无法靠感觉器官去体认道，也难以用普通字词去表示道，只能用比喻和描述来说明道的存在。老子的关于道的理论，对于后世有着极其深远的影响。

庄子则认为道是世界的终极根源，是无所不覆、无所不载、自生自化、永恒存在的宇宙本体，否认有超越于道的任何主宰。他还认为不可能给道提出明确的规定，"道不当名""道昭而不道"，即使取名为道，也是"所假而行"。所以只能说"夫道，有情有信，无为无形；可传而不可受，可得而不可见；自本自根，未有天地，自古以固存，神鬼神帝，生天生地；在太极之先而不为高，在六极之下而不为深，先天地生而不为久，长于上古而不为老"③。

韩非汲取并发展了老子的朴素辩证法，提出了关于道、德、理三者互相关系的学说，辩证地处理了它们的关系。他认为，"道者，万物之始，……万物之源"，是"万物之所然""万物之所以成"。把道视为物质世界的普遍规律，天地万物存在与发展的总依据。他还认为，"道"是终极范畴，是万物的普遍规律，而万物的特殊本质就是"德"，"德者，道之功"；万物的特殊规律就是"理"，道是"万物之所稽"，"万物各异理而道尽稽万物之理"。把道、德、理的关系视为物质世界的普遍性与特殊性、无限性与有限性的辩证统一。

战国时期儒家学者所著的《易传》也提出关于道的学说，认为道就是对立面相互转化的普遍规律。《周易·系辞上》说"一阴一阳之谓道"，把一阴一阳相互转化视为道；又说"形而上者谓之道，形而下者谓之器"，把"道"视为无形的抽象规律，与有形的具体事物区别开来。

二、天道观的理论化、系统化

董仲舒继承并发展了先秦诸子的天道观，在《春秋繁露》中全面论述了"天不

---

① 《道德经·二十五章》。
② 《道德经·四十二章》。
③ 《大宗师》。

变,道亦不变"的形而上学思想,认为道乃是根据天意建立起来的制度和方法,这个道是永恒的、绝对的。① 他还提出"天谴说"和"有道伐无道"的思想,以警示那些有违道的君主。

(一)"天谴说"

董仲舒吸收了墨家关于"天"的理论,认为天具有至高无上的权威,"天者,百神之君也"②,"天者,百神之大君也"③,"天者,万物之祖,万物非天不生"④,天无所不能,从物质世界到精神领域,无不为天所生。首先,天是人的本源,董仲舒说:"人之所由受于天也。"⑤他认为人虽为父母所生养,但父母并不是人为人的原因,人的终极根源仍然是天。"为生不能为人,为人者天也,人之为人本于天,天亦人之曾祖父也","人之形体,化天数而成;人之血气,化天志而仁;人之德行,化天理而义,人之性情有由天者矣。故曰受由天之号也"⑥。其次,人的伦理礼仪也能在天那里找到根源,"是故仁义制度之数,尽取于天","王道之三纲,可求于天"⑦。另外,天不但是万物之源,也是人生活的根据。在董仲舒看来,人不能仅仅靠理性生存,还必须依靠天的资助和保佑,所谓"人资于天",即便人的能力再强,也不可能替代天在人事中的作用,如果失去天的保佑和帮助,人只能处于一种无奈的境地。

君权来自神授。"王者,天之所予也,则王亦天之子也。天之立王以为民也"⑧。天生万民之后,为之立王,作为天的代理统辖人民。君权神授包含两层含义:无论是谁,一旦拥有了君权,便代表天,行使天的意志;君权既然为天所授,也必能为天所夺,天之予夺以德之高下为标准,而德之高下又以对民的好坏为基础。"故其德足以安乐民者天予之;其恶足以贼害民者天夺之"⑨。天对君主具有绝对的权威,君主的一举一动都在天的监督之下,在天的面前君主们不应该肆无忌惮、狂妄自大。否则一旦触动了天怒、违背了天道,必定会陷入绝路,这正是君王们最为深刻的恐惧,因此董仲舒特别强调对天的尊重,他以历史为例,从正反两个方面说明了这个道理:"故未见秦国致天福如周国也。诗云:'唯此文王,小心翼翼,昭事

---

① 包和平、王学艳:《中国传统文化名著展评》,国家图书馆出版社,2006。
② 《春秋繁露·郊义》。
③ 《春秋繁露·郊语》。
④ 《春秋繁露·顺命》。
⑤ 《春秋繁露·循天之道》。
⑥ 《春秋繁露·为人者天》。
⑦ 《春秋繁露·基义》。
⑧ 《春秋繁露·尧舜不擅移汤武不专杀》。
⑨ 《春秋繁露·尧舜不擅移汤武不专杀》。

上帝,允怀多福'。"①从周王尊天所带来的强盛,到秦朝违道所导致的早夭,君主们就应该明白"福"永远与他们心中对天道的"敬""诚"相连。

随之而来的借助天道之说规谏人君的"违道之行"就显得十分自然。因为君主虽受命于天,但如果君主违背天意,天是要警示的,灾异就是上天警示的一种方式。什么是"灾异"呢?董仲舒解释为:"天地之物,又不常之变者,谓之异。小者谓之灾。……灾者,天之谴也,异者,天之威也。凡灾异之本,尽生于国家之失。"《春秋·繁露》中记载了大量的天象变化和自然灾害,如"日蚀、星陨、有蜮、山崩、地震、夏大雨水、冬大雨雪、陨霜不杀草"等。董仲舒将之神秘化,认为可以"以此见悖乱之徵"②。"灾异谴告说"是假天之威对于皇权的最大制衡。人间君王若在政治上存在过失必然会使天生气、发怒,通过自然界的灾异发出警告,要人主改正错误。臣下亦可借灾异之徵,予以规劝。更重要的是灾异将会在民间造成恐慌和怀疑,使政权的合法性遭受重大打击。③

"灾异谴告说"在皇权之上设置了一个更高权威的制约,无疑为大臣约束皇权提供了一件特殊的工具。如果说,制约君主权力的法律制度尚不够完善,所起作用也甚小的话,那么"灾异谴告说"可以说是高悬在皇帝头顶的一把来自上天的利剑,它对当时的帝王有着相当大的威慑力。据史书记载,中国古代,每有灾害及日食等"天变",君主无不诚惶诚恐,许多皇帝都要下罪己之诏。如,汉文帝诏:"人主不德,则天示之灾。今日食过见于天,灾孰大焉。"光武帝说:"吾德薄致灾,谪见日月,战栗恐惧,夫何言哉!"④

我们今天无法想象这种"战栗恐惧"是出自君主本人对天的真诚信仰,还是以此警告自己为政的过失,自我警醒不要违背"民意",以免重蹈秦朝二世而亡的覆辙。但有一点是明确的,如果君主的行为"不德""不轨",臣下规劝君主的最有力的武器就是"天",他们往往会迫使君主"法天",遵照"天意"来治理民事。

中国历代皇帝对"灾异谴告说"信奉的程度虽不同,但没有人敢于公开否定它。清代史学家赵翼在《廿二史札记》中写下了许多这方面的文字。其认为,一些朝代"但有庸主,而无暴君"的根本原因就在于信奉灾异之说⑤。

(二)"有道伐无道"

董仲舒还提出"有道伐无道"的变革史观。他认为,在历史的变革中,起支配作

---

① 《春秋繁露·郊祭》。
② 《春秋繁露·二端》。
③ 王立民:《中国法制史参考资料》,北京大学出版社,2006。
④ 赵翼:《汉初布衣将相之局》,载《廿二史札记》卷二,中华书局,1984。
⑤ 同上。

用的是道,有道之圣人伐无道之暴君,由此推动了历史的变革和发展,并将此称为天理。他说:"夏无道而殷伐之,殷无道而周伐之,周无道而秦伐之,秦无道而汉伐之。有道伐无道,此天理也。所从来久矣,宁能至汤、武而然耶?"①他强调"有道伐无道",凡无道之君被有道之人取代,就是天理,即天经地义的事,其所从来已久,而不仅仅是汤、武所为。也就是说,他认为道是历史发展的最高原则,社会变革的动因在于统治者是否有道。正因为夏桀王和殷纣王无道,被汤王和武王革其命;秦始皇无道,被汉所取代,完成了改朝换代的易姓革命。董仲舒不同意把汤武革命称为"不义"的观点,他认为:"天之生民,非为王也,而天立王,以为民也。"②民非为王而生,王则是为民而存,以对民的态度来区分圣君和暴君,认为残害民众的桀、纣是"残贼""一夫",人人可得而诛之。汤、武讨伐之,是有道伐无道,这即是天理,是顺天应人之举。

从董仲舒的观点可以看出,他以是否有道作为评判历史人物的标准,而不是以是否居于君主之位作为是非的标准。这与孟子盛赞汤武革命、荀子"从道不从君"的思想比较接近,体现了儒家道统思想限制封建君权的基本出发点。从董仲舒的天谴说和有道伐无道的思想不难看出,他主张对封建君权加以限制,他认为正是由于夏桀王、殷纣王无道,所以被有道的商汤王、周武王伐之而取代,这体现了天道。

三、天道观的发展

宋明儒家以朱熹为代表,与董仲舒相比,朱熹用宇宙最高本体的"理"代替了"天"。朱熹的"天理说"是对前代天道理论的继承、综合与升华。他"以理制欲"理论的主要目的是制约君权,它反映了宋代君主集权进一步发展的情况下问题的严峻和对这一问题研究的深化。

(一)"天理说"的主要内容

在朱熹的天理说当中,天理的含义比较广泛,既是永恒的宇宙本体,也是人类形上的精神实体,还可以总括为一切宇宙自然和人类社会的规律性。而与"天理"相对应的"人欲",在朱熹的理论框架体系中是指超乎基本欲求之上,为满足个人享乐的无穷奢欲和纵欲,而不包括人类生存所必需的客观物质欲求。相反,那些人类生存所必需的客观欲求正是"天理"所涵盖的重要内容之一。

---

① 《春秋繁露·尧舜不擅移汤武不专杀》。
② 同上。

区别"欲"的这两种意义,可考察朱熹在几种不同语境下的议论,如"若是饥而欲食,渴而欲饮,则此欲亦岂能无? 但亦是合当如此者"①,"穷口腹之欲,便不是。盖天只教我饥则食,渴则饮,何曾教我穷口腹之欲?"②饥食渴饮是"天理",穷奢极欲才是"人欲"。因此,朱熹在回答"饮食之间,孰为天理,孰为人欲"的问题上,明确区别为"饮食者,天理也;要求美味,人欲也"③。

可见,朱熹所指与"天理"对立的"人欲",是指超出"饥食渴饮"人生正常物质欲求的穷奢极欲。正是从这个意义上立论,朱熹才把"人欲"与"天理"对立,认为二者此胜彼退,不共戴天。"天理人欲,不容并立"④,"天理存,则人欲亡,人欲胜,则天理灭,未有天理人欲夹杂者","人只有个天理人欲,此胜则彼退,彼胜则此退,无中立不进退之理"⑤。因此,"圣人千言万语,只是教人明天理,灭人欲"⑥。

从"天理"和"人欲"的理论出发,朱熹把限制君权思想透过其变法主张表现出来。他认为,君主"心术"的优劣是社会历史的决定因素,而要改变君主的"心术"就必须限制君主的独断专横。为此,他提出了如下主张:

第一,加强宰相和谏官的职权。朱熹认为宰相应以正君为职,在限制君权方面应发挥主要作用;同时,要公选天下敢于直言之士为谏官,指陈君主的过失,让宰相和谏官"共正君心,同断国论"。另外,君主任免宰相、台谏也要同大臣商议,不能"皆出于陛下之独断而大臣不与谋,给舍不及议",否则即使处理正确,"亦非为治之体,以启将来之弊"。

第二,君主立法要和大臣商议,使大臣得以极意尽言而无所惮。《经筵留身面陈四事札子》中,在指责宋宁宗"即位未能旬月,而进退宰制,移易台谏,甚者方骤进而忽退之,皆出于陛下之独断"的同时,提出"盖君虽以制命为职,然必谋之大臣,参之给舍,使之熟识,以求公议之所在,然后扬于王庭,明出命令而公行之"⑦。

第三,加强地方权力来制约君主权力。朱熹对此未详细阐发,这些设想并不是他的新发现,他不过是看到了长期以来"尊君卑臣"君主专制现象发展到极端所产生的弊病,并力图加以改良而已。⑧

---

① 黎靖德:《朱子语类》(卷九十四),中华书局,1986,第2414页。
② 黎靖德:《朱子语类》(卷九十六),中华书局,1986,第2473页。
③ 黎靖德:《朱子语类》(卷十三),中华书局,1986,第224页。
④ 朱熹:《孟子集注》(卷五),天津市古籍书店,1988,第254页。
⑤ 黎靖德:《朱子语类》(卷四十一),中华书局,1986,第1058页。
⑥ 黎靖德:《朱子语类》(卷十二),中华书局,1986,第207页。
⑦ 朱熹:《晦庵集》(卷十四),载《四库全书》,上海古籍出版社,1987,第244页。
⑧ 黄毅:《论中国古代限制君权的思想》,《中国法学》1996年第6期。

(二) 朱熹"以理制欲"论的目的性分析

朱熹创立"天理说"的目的之一的确是约束和限制君权。

朱熹要求君主收拾身心去其私念。"存天理,灭人欲"是朱熹客观唯心主义哲学思想的核心之一。在朱熹看来,圣人、君主只不过是完成"存天理,灭人欲"这一使命的人间现实力量。圣人、君主在朱熹的眼里是完全同一的。他对"圣人"的解释是:圣人与众人的区别在于"圣人无人欲之私",众人却都有不同程度的"人欲"。圣人无人欲是因禀有与众不同的"精英之气"。而其之所以能够禀赋"精英之气",又是所谓的"气数"决定的。"天哪里说,我特地要生出一个圣贤来?也只是气数到那里,恰相凑着,所以生出圣贤。及至生出,则若天之有意焉耳。"①"气数"如此安排,最终取决于"理"。在玄妙的"气禀"后面有更玄妙的"气数",而在它们后面又有玄之又玄的"天理"。这样,圣人、君主就成了"天理"的派生物。天理创造了圣人,正是为了证明天理自己的存在,并通过圣人来治理人间。圣人"纯于义理而无人欲之私,则其所以代天而理物"②。圣人与万民对立,正是人心中的"天命之性"与"气质之性"对立的反映。圣人统治万民,正是天理统治人间。

朱熹还强调:"人主所以制天下之事者,本乎一心,而心之所主又有天理人欲之异,二者一分而公私邪正之途判矣。盖天理者,此心之本然,循之则其心公而且正;人欲者,此心之疾疢,循之则其心私而且邪。公而正者,逸而日休;私而邪者,劳而日拙。其效至于治乱安危有大相绝者,而其端持在夫一念之间而已。"③

显然,朱熹已经清醒地意识到,封建君主专制体制下的君权缺乏外在有效约束,统治者廉政、兢业与否完全取决于一己之心,所谓"人主之心一正,则天下之事无有不正;人主之心一邪,则天下之事无有不邪"④。君心好恶维系国家治乱安危,因而"正君心"成为约束统治者任意妄为的不二法门,"天下事有大根本,有小根本,正君心为大本"⑤。

朱熹"以理制欲",以正君心之"大本"的理论,除了自然地蕴含了先秦儒家"道德规劝"的君权约束机制外,又因为其"理"原本又代表了"天"的形上意志,因此,与先秦儒家"道德规劝"的君权制约理论相比较,其中又内含了自董仲舒以来的后儒所习用的以"天威"制约君权的机制。

---

① 黎靖德:《朱子语类》(卷十三),中华书局,1986。
② 朱熹:《四节或问》,朱杰等人编《朱子全书》第6册,上海方籍出版社,2010,第596页。
③ 朱熹:《晦庵集》(卷十三),《四库全书》,上海古籍出版社,1987,第215页。
④ 朱熹:《晦庵集》(卷十二),《四库全书》,上海古籍出版社,1987,第200页。
⑤ 黎靖德:《朱子语类》(卷一百零八),中华书局,1986。

明清两代,每当灾异迭起,臣僚也往往以此规谏君主。1392年,山东监生周敬借连年水旱灾害规谏太祖朱元璋杀戮太甚,曰:"汉时误杀一孝妇,致东海枯旱三年。方今水旱连年,未臻大稔,未必非杀戮无辜、感伤和气所兴也。"①

明万历时的御史马经纶也曾借灾变谏君,而其言辞之切几乎是在威慑君主:"夫人君受命于天,与人臣受命于君一也。……既大失人心,必上拂天意。万一上天震怒,以陛下不郊、不帝、不朝不讲、不惜才、不贱货,咎失人君之职,而赫然降非常之灾,不知陛下尔时能抗天命否乎?臣不能抗君,君不能抗天,此理明甚,陛下独不思自为社稷计乎?"②

清世宗雍正说:"天人感应之理至微而实至显,凡人果实尽诚敬,自能上格天心,人君受天眷命,日鉴在兹,其感通为尤捷。"③"凡地方水旱灾浸(音同)皆由人事所致:或朝廷政事有所阙失,或督抚大吏不修其职……皆足以干天和而召灾浸(音同)。"④正因为雍正以天为诚,故自称一时一刻"不敢自懈自逸"⑤,凡遇水旱灾害,立即内省行事之过,详察政治之阙失。

第三节 道高于君:权力之上的至高规范

一、"道高于君"的形成

"道高于君"正式形成于春秋战国时期。它是百家争鸣的产物,而其文化渊源更为古老,即早在道义观念和理论产生之前,类似的文化范式已经开始支配人们的政治意识和政治行为。道高于君最初是由"天高于君""德高于君"演变而来的。在道高于君的命题产生后,天高于君、德高于君仍然是道高于君的同义命题或另一种表达方式。⑥

上帝的信仰是道高于君的文化渊源之一。在三代,至高无上的天帝是人世间一切制度、法则、规范和观念的终极依据。上帝立君、君权神授与神化王权的观念

---

① 《明史纪事本末》卷十四。
② 《明史》卷二百三十四,《马经纶传》。
③ 《上谕内阁》,雍正三年四月十一日。
④ 《清世宗实录》卷五十九。
⑤ 《上谕内阁》,雍正十二年正月初一日。
⑥ 张分田:《中国的帝王观念》,中国人民大学出版社,2004,第556页。

本身就具有两个背反的文化意义。一是君命来自天命，或者说君就是上帝的属神。在这个意义上，君与神或神定法则是合一的，君是最高法则的化身或代表。二是君主必须敬畏天命，严格依照上帝的意旨办事，以符合神旨的德来规范自己的言行。从这个意义上来说，君与神又是二元的，最高法则支配君王。两个背反的观念又出自同一本源并相互依存，它们一而二、二而一，无法截然分为两个独立的文化体系。上帝高于君主是两种文化意义的概括，君畏天命则是君权神授的推论，它告诉人们：即使是受天之命的至上天子也必须接受上帝的规范和奖惩。在《尚书》中，上述思路显而易见，并在一定程度上理论化。

调节人类社会生活的道德规范是道高于君观念的又一个文化渊源。自人类社会产生以来，人们就逐渐创造了一些维系社会群体、调整人际关系的社会规范。这些规范最初以风俗、习惯、道德、民约的形式存在，并成为被具有某种共同文化的社会人群普遍接受、长期传承的标准行为方式。它们适用于社会共同体中的一切人，一方面通过各种社会化途径内化到人们心中，另一方面通过社会舆论及其他社会控制手段迫使人们切实遵行。这些风俗、习惯、道德、民约中的一部分，在国家产生初期转化为政治法律规范。即使在政治观念蒙昧期，宗法族规、伦理道德及各种社会正义观念也会要求一切发号施令者遵循某些规范，履行某些义务。君主若违反这些规范，就会招致非议乃至反抗。《尚书》中保存的古代战争誓词为此提供了证据。最初，这些规范被称为"礼"。礼既是君主治民的手段，又为君主设定了行事的规矩。这可以叫作"礼高于君"。西周礼制及关于德的认识正是有关规范和义务的系统化、理论化。人们为后、王、天子、大人、君子等君主称谓注入的美德越多，德高于君的观念就越深入人心。这就势必推动"政德"观念的发展。君德合一，君是德的化身，而君主必须守德。这个思路既寄托着人们的理想和期待，又为君主套上了衔辔：君主不得有丝毫的违背德与礼，否则不足以为天下楷模。① 这可以叫作德高于君。

大致以春秋为界，此前属于神王合一观念占主导地位的时代，尽管时常有人依据天、德、礼劝谏乃至抨击君主，但广大臣民普遍对君主盲目崇拜、绝对服从；此后属于道高于君观念日益凸显的时代，即以王道规范王者的呼声日益高涨，王道高于君主成为政论家们高扬的旗帜。在百家争鸣中，"道"被升华，以道论君成为普遍的理论形式，道高于君也获得广泛的认同。

道义高于君主的命题是在春秋时期被明确提出的。晋国的丕郑与荀息争论晋献公废立太子事，他针对不违君命的传统观念，旗帜鲜明地提出："吾闻事君者，从其义，不阿其惑。惑则误民，民误失德，是弃民也。民之有君，以治义也。义以生

---

① 张分田：《中国的帝王观念》，中国人民大学出版社，2004，第556-557页。

利,利以丰民,若之何其民之与处而弃之也?"①立君是为了维护道义,富裕民生;事君是为了协助治义,以从民欲;君不等于义,事君从命是从其义;君与义发生矛盾时,臣下应从义不从君。也就是说义是高于君的。孔子把这类思想概括为"以道事君"。老子则从理论上把道推崇为自然、社会、人生的最高法则。从此以后,道高于君逐渐成为中国社会普遍的政治法律意识。

二、先秦百家对"道高于君"的解读

先秦百家,不仅道家,儒、法、墨以及其他学术流派,都把"天下有道"作为自己憧憬、向往和追求的理想境界。尽管对天下有道之"道"的理解和规范众说纷纭,人们又常常以一己之道攻他人之道,但他们在道高于君这一点上可以说基本上达成了共识,即都认为道是高于包括君主在内的所有人的。

(一)道家的自然王国与"道高于君"

道家的理想社会是一种"自然"境界。老子的"小国寡民"、庄子的"至德之世"都是道家论说社会理想的重要思想材料。除少数人由此走向绝对自然主义,把无君主、无政治、无文明视为理想境界外,大多数以道家为宗的人的政治理想是一种"自然王国",即圣王无为而无不为,无需仁、义、礼、刑或以仁、义、礼、刑为辅,便实现了民风淳朴,无欲无争,人们自然而然地合乎忠信、孝悌。这种自然王国可以归结为圣王和无为。道家则将其概括为道或道德。"道法自然"是这种社会理想的形而上依据。在道家看来,道高于君毋庸置疑。

老子一方面把道与王同列为"域中四大",以道立君说论证王权,另一方面又主张王者法天地、道德、自然,认为"公乃王"②,王者惟有无私才能成其私,因道、得道才能为天下王。庄子抨击违背无为之道的王者,推崇"内圣外王"的至尊与素王,大讲君无为则无不为,"君不私,故国治"③。他们关于道高于君的论述,为后来者所发扬光大,许多帝王也奉之为修身治国之道。自然之道的本质特征是"无为而治",故无为高于君主。

无为而治是道家政治思想的核心,它要求将政治权力从社会中隔离出来,离开社会,收缩自己。按照老子的思想,伟大的政治就是能够控制和收缩政治之恶,伟大的政治不在于能够干出多少伟大的善事、引导万民前进,其核心在于控制政治之

---

① 《国语·晋语一》。
② 《道德经·十六章》。
③ 《庄子·则阳》。

恶。也就是说，是使政治权力不膨胀、不放大的政治。

《文子》《十六经》《经法》等道家著作均讲君主应该顺天合人、循理用当、大公无私、以法为度、以臣为师，并把这一切归结为道的本质或要求。大凡儒、法所言及的有关道高于君的观点，几乎应有尽有。"天子有道则天下服，长有社稷"①，"顺天者昌，逆天者亡。毋逆天道，则不失所守"②也都是道家的共识。

（二）儒家的王道理想与"礼高于君"

"王道乐土"是儒家共同的政治理想。它滥觞于西周、春秋的王道思想。孔子以西周王制为范本，论说"天下有道"。孟子、荀子分别以"王道"世界和"王制"社会描绘、论证和补充了孔子的理想王国。各种儒家经典对于这种理想化的社会模式和政治体制多方论证。历代大儒也以各自的方式阐述了王道理想的景观、特征和实现途径。

儒家内部流派众多，各派的理论风格、现实品格和具体政见有明显的差异，因此对有道理想的论证方法和细节描绘可谓千差万别。

关于道义与权力的关系，儒家的主要论点有以下几个：

一是天立君、天命君，天子必须敬畏天命，遵循天道或道。儒家的道高于君往往以天高于君的形式出现，以董仲舒为代表的汉儒则认为天支配道，唐宋以后的儒者把天与道互训。道高于君是天命论固有的命题组合之一。

二是帝王必须体道、守礼、行仁。在儒家的范畴体系中，道、义、礼、仁通常是可以互训的。无论是作为自然法则的天道、人事规范的人道，还是支配政治的王道，统统可以归之为于道。道是一切法则的总称，凝聚着各种理想的社会政治规范。尊天、敬祖、克己、复礼、仁政、爱民、任贤、纳谏等皆由道义二字引申出来。三纲五常、仁义礼智，或由道决定，或与道同训。帝王修身行政必须依道而行，否则就是"无道之君"。

三是帝王必须以有道之臣为师，尤其要师法圣臣，遵循孔子的圣人之道。

四是臣子从道不从君。儒者普遍认为，事君则要"纳君于礼""致君尧舜"。君无道则可隐逸林泉，弃暗投明，甚至放之伐之。

总之，在儒家看来，道义是高于权力的。道义是最高的"法官"，一切君主都要接受道义的制约和裁量。君有道则天下归之，君无道则天下弃之。唐宋以后，这套认识上升为道统论。在中国古代史上，无论是统治阶级的思想家还是政治批判思想家，大多为儒家传人。无数忠臣义士都是儒学的信奉者，他们众口一词：道义高

---

① 《文子·道德》。
② 《十六经·姓争》。

于君主。

（三）法家的法治理想与"法高于君"

法家的理想王国是君主独裁的法治社会。在法家的学说中，君是法的主人，法是君的工具，法在君下不在君上。但是，在理论上，法就是道。"凡知道者，势数也。"①"民以于君，事断于法，是国之大道也。"②韩非更是把涵盖法、术、势的道升华为"万物之所然""万理之所稽"③，君主必须体道全法，在这个意义上，道高于君，即法高于君。

法家诸子对法高于君论之甚详，这里以韩非的见解为例展开分析。

1. 第一层含义是君主必须"贵独道之容"

韩非认为"君臣不同道"，君主必须遵循自然与社会的普遍法则，建立独一无二、凌驾一切的绝对权威。换句话说，建立"要在中央"的法制是君主体道的第一要义。能够做到这一点，便是明君、圣人④

2. 第二层含义是君主必须"因道全法"

韩非以"道法"概括其学说，称为"有国之术"，霸王之本。他期望君主"以道为舍""因道全法"，主张君主"明法""独断"，反对各级官僚"背法而专制"⑤。君主必须遵循由道法引申出来的政治原则，道高于君就是法高于君。

3. 第三层含义是君主必须公私分明

韩非认为，公私相背，势不两立。"明主之道，必明于公私之分，明法制，去私恩。夫令必行，禁必止，人主之公义"，不能如此，则为"乱主。"⑥"守法"则为"奉公"，"释法"则为"用私"。在这个意义上，公与法、道互训。道高于君又可称为公高于君。

4. 第四层含义是君主必须以法术之士为辅佐

法家反对尚贤，却主张任贤使能，因众人之能，以为君主的耳目、爪牙。韩非充分肯定辅弼之臣的作用，主张任"霸王之佐"，行"霸王之道"，成"霸王之名"。⑦

5. 第五层含义是君主必须"以道正己"⑧

至于如何以道正己，韩非语焉不详。法家不大喜欢奢谈君主修身正德，却也要

---

① 《商君书·禁使》。
② 《慎子·逸文》。
③ 《韩非子·解老》。
④ 《韩非子·扬权》。
⑤ 《韩非子·大体》《韩非子·南面》等。
⑥ 《韩非子·饰邪》。
⑦ 《韩非·初见秦》。
⑧ 《韩非子·观行》。

求君主要"以道为常"、守法奉公、德泽天下,还要求官僚要"修身洁白"①,这点与儒家有所类似。

6. 第六层含义是有道者得天下

韩非子指出,遵循道义是普遍适用的社会规范,君主也不例外。他说:"夫缘道理以从事者,无不能成。无不能成者,大能成天子之势尊,而小易得卿相将军之赏禄。夫弃道理而妄举动者,虽上有天子诸侯之势尊,而下有倚顿、陶朱、卜祝之富,犹失其民人而亡其财资也。"②他引据大量历史事实证明,有道则天下无敌,无道则破国丧身。他还谆谆告诫帝王要懂得这样一个道理:"战战栗栗,日慎一日,苟慎其道,天下可有。"③有道是王天下必备的条件,道无疑是高于君主的。

在诸子百家中,儒家与法家的对立最为显著,两种"天下有道"论的差异颇大,但在法(道)高于君的基本思路上又颇相类同。这表明,法(道)高于君是一种共有的理论结构和文化范式。

(四)墨家的兼爱王国与"义高于君"

墨家的政治理想是天下之人"兼相爱,交相利"。一切尚同于天子。天子应以圣贤为之,故又称为圣王。墨家也使用道这个概念,而用得更多的是义,义的主旨是兼爱。圣王与兼爱构成了墨家政治理想的核心。

在墨家看来,圣王为政长之首,统一天下之义,便可实现兼爱交利的理想社会。"义者,政也"。义是一切政治原则的总称。"天之志者,义之经也。"一切人都应"以天之志为法",王者自然也不例外。"天之行广而无私,其施厚而不德,其明久而不衰,故圣王法之。"④义由天定,代表天的意志,圣王以天为法。天高于君,又可以称为义高于君。墨家还主张圣王师法圣臣。由此可见,墨家的义高于君,在基本思路上,与先秦诸子类同。

(五)阴阳家的天、地、人和谐理想与"天高于君"

天、地、人的统一与和谐是中国古代共有的社会理想,而阴阳家论之尤详、求之最切,其学说对古代文化的影响也最为广泛而深远。

阴阳家把宇宙视为一个复杂的多层次结构,上制约下,大制约小。《管子·五行》把自然与人事分为三个层次,即天道、地理、人道。人道本于天地,服从天地。

---

① 《韩非子·饰邪》。
② 《韩非子·解老》。
③ 《韩非·初见秦》。
④ 《墨子·天志上》《墨子·天志下》《墨子·法仪》。

《管子·阴阳》则分割为五个层次,即道、天地、德、政、事。这五者是顺向递生与制约的关系,即"道生天地","道生德,德生正,正生事"。正即政,指由道德、天地引申出来的政治规范。最理想的政治是"时政",即严格遵循天地运转、四时变化、五行之德所注定的四时政治原则,施刑德,布政令,以实现天人契合。

阴阳家认为实现天人和谐的关键是君主。君主必须法道、法天、法地、法四时,"以天为父,以地为母,以开乎万物,以总一统"①,否则便会招致天谴、天诛。这就从理论上将道、天地与君主区分开来。与天地、阴阳五行相对应的政治规范是不可更易的自然法则,君主必须执行它,决不能违背它。君主的权威必须服从天道的权威,道高于君,天高于君,阴阳法则高于君。

从上述各家的论说可以看出,如果说各种类型的道高于君有什么区别的话,仅在对于道的理解存在差异,而在道高于一切、支配一切这一点上并无不同。

第四节　天道观制约权力的文献记载

在古代中国,历代都不乏力图借助于天威限制君权的思想家,他们试图在至高无上的君权中注入监督机制,使君主在政治生活中不至于一意孤行、为所欲为,而要在一定程度上考虑民众的疾苦和社会的稳定,对自己的行为进行矫正和克制,这在当时来说有一定的积极意义。"灾异谴告说"认为,作为人间权力的行使者,君主为政若违背"天道",上天将通过自然灾害向君王示警,君主如果敢漠视上天的谴告,上天就会革除其统治权。

一般认为,中国古代的权力主要由君主拥有并行使,而君权的行使是缺乏约束的。与此相反,在西方法律史中,自古希腊就非常重视对权力的制约。但事实上,中国古代的君权是有约束的,君权不仅要受"祖宗之法"、道德评价、相权言官等"现实之维"的制约,还要受"天"(天道天命)这一"超验之维"的制约。② 本节选取几个中国古代历史上有关天道观制约权力的经典案例加以分析,旨在了解古代中国政治运行中天道观所起到的超越性制约作用。

---

① 《管子·五行》。
② 乔飞:《"灾异谴告"与"上帝审判":儒耶比较视野中的权力超验制约》,《河南财经政法大学学报》2016年第4期,第127页。

一、《春秋》所载天道对人君的警示与惩罚

《春秋》中史家记载了灾异一百二十二,如"日食三十六,陨石一,不雨七,无冰三,大雨震电一,雨雪三,大雪雷三,地震五,山崩二,大水九,大旱二,饥二,无麦苗一"诸如此类。《春秋》认为,这些灾异发生的根本原因是为政者行使权力时忤逆了天意,上天以这些灾害表达对人间权力运行的不满。

二、《史记》所载天道对人君的警示与惩罚

《史记·周本纪》载:周幽王二年,三川竭,岐山崩。这是对周幽王宠幸褒姒、废王后与太子的示警,后周幽王被杀、西周亡。

《史记·秦始皇本纪》载:秦始皇三十六年,坠星落地为石,次年秦始皇病死,其后秦亡。灾异证明,上天对拒绝其警告的君主权力,最终会予以剥夺。①

三、《汉书》所载天道对人君的警示与惩罚

《汉书·文帝纪》载:汉文帝后元元年,水旱疾疫。据说这是对汉文帝"政有所失"的警示,于是,文帝下诏书反省自己的施政过失。

文帝二年十一月,日有食之。文帝下罪己诏曰:"朕闻之,天生民,为之置君以养治之。人主不德,布政不均,则天示之灾以戒不治。"

文帝三年冬十月丁酉晦,日有食之。文帝认为这是上天对一些官员的警示,诏曰:"前日诏遣列侯之国,辞未行。丞相朕之所重,其为朕率列侯之国。"遂免丞相勃,遣就国。十二月,太尉颍阴侯灌婴为丞相。罢太尉官,属丞相。

文帝四年夏四月丙寅晦,日有蚀之。文帝认为这是上天在警示他:人间有冤狱。于是下诏赦天下,免官奴婢为庶人。

四、唐宋时期,史书所载天道对人君的警示与惩罚

《旧唐书》曾记录唐文宗年间,彗星连续出现,可能是因为当时刑罚严苛,赋税沉重。于是,文宗下"罪己诏",并采取减刑、减租等一系列措施。

---

① 乔飞:《"灾异谴告"与"上帝审判":儒耶比较视野中的权力超验制约》,《河南财经政法大学学报》2016年第4期,第127页。

《历代名臣奏议》载：宋神宗熙宁七年，天下久旱不雨。人们普遍传说这是因为宋神宗与王安石变法导致民生凋敝，引起上天震怒示警。于是，神宗下诏停止变法，并罢免了王安石宰相之职。

五、明清时期，史书所载天道对人君的警示与惩罚

《明太祖实录》载：明洪武元年发生水火旱灾。据说这是因为明太祖刑部失中，武事未息，徭役屡兴，赋敛不时。于是明太祖不安，迅即召集大臣讨论施政之失。

《明神宗实录》载：明万历十三年，天旱不雨。据说这是上天对神宗与官员有司贪赃坏法的警示。于是，神宗召见辅臣及九卿，反思施政之失。

《清世祖实录》载：清顺治十三年，水旱连年。据说这是上天对顺治君主不德的警示。于是，顺治帝下诏罪己。

《光绪朝东华录》载：清光绪四年，多省大旱。人们认为这是上天对皇帝施政有失的警示。于是，光绪发布上谕，反思施政之失。

第五节　天道——中国传统法律的价值之源

从先秦诸子关于道高于君的阐述，到汉代大儒董仲舒的"屈君以伸天"的理论，再到宋明理学的继承和发展，天道观从朴素的神权法思想逐步升华为系统的"以天威制约君权"的学说体系。几千年来，在古代中国社会里，从上到下，人们都普遍相信"天道"的存在，认为人是不能够违背天意的。如果说超验价值观的支撑是法治产生的一个普遍规律的话，在探寻法治本土资源的过程中，即使我们承认本土的文化资源中没有"自然法"的字眼可寻，也不能因此推导出中国传统文化当中没有超验价值观的结论。尽管天道观与西方法律文化中的自然法有着诸多的差异，但在为权力制约提供价值根基和合法性论证上却有着异曲同工之妙。可以说，道就是古代中国法律的价值之源。

一、古代国家的法律治理奠基于法本身的神圣性

在古代国家的治理理论和实践中，都离不开法律，而法律的权威性又来自其超越于世俗的神圣性。这种神圣性在西方体现为抽象的"正义""自然法"或来自上帝

的"真理"。拉丁文的"法律"一般用 legis 和 jus 等词表示,这两个词汇同时还有"正义的"含义。在英文当中,"法律"的另一个拉丁文词源是 foedus,就是"圣约"的意思,指上帝与人类所立的约。将法律的效力源头追溯到西方人心目中至高的上帝,这更强化了"法"的神秘色彩和形而上的含义。英文的 law 一词,最初的含义是指规律、规则等,就像许多英文词典中所解释的 rule of nature,有着明确的"自然法"寓意。即使到了启蒙时代,西方的思想家们仍然用符合时代发展的新理论坚守着法律的超越含义。如法国启蒙思想家孟德斯鸠对法律的界定就是"法是由事物的性质产生出来的必然关系"。其超越性含义及来源的神圣性不言而喻。

在古代中国,法的超越性和神秘性依然是十分明显的,从汉字"法"的古体字中就可看出。古体"法"字结构,从"水",从"廌"(zhì)。水意指法的公平、公正;廌为一种能够辨别是非曲直的神兽,引申为"正义"之意,显然意指法的超越价值来源。所以"法"字本身就是对天道和自然的一个具象描绘。如果世俗统治者制定的法律不符合公平和正义的"天道"标准,就会被视作"无法"。如黄宗羲在《明夷待访录》中说的"三代以上有法,三代以下无法",就是从这个意义上所发表的议论。有符合天道的法律,就是"有法";而三代以下"所谓法者,一家之法,而非天下之法也",不符合天道,所以就被视为"无法"。真正意义上的法律必须符合法的超越价值,也就是"天道"。

二、天道观的宪法学分析

从宪法学的角度来看,天道观的意义主要体现在以下几个方面。

(一)天道观为制约权力提供最终的合法性论证

权力自身具有支配他人的特征和自我膨胀的趋势,要制约权力,必须为制约权力寻求一个合法的理由。而且这种合法性论证一般说来应该来自超验的层面,否则这种论证就会在当权者的强权面前流于形式,失去制约的有效性。这个超验价值的支点,在西方是深厚的自然法传统和基督教背景,在古代中国就是天道思想。"天道"思想的价值,在于为制约最高权力提供了一个来自彼岸的至高准则。这一准则是人世间一切政治秩序和道德权威的正当性来源,它是人们在内心审视和评价国家权力和制定法是非善恶的最终依据。《论语》说"天下有道则庶人不议","天下有道则见,无道则隐";老子说"天下有道,却走马以粪,天下无道,戎马生于郊",都体现出天道的清晰的道德批判价值。

《道德经·七十七章》有"天之道损有余而补不足",这和斯多葛学派的自然正义概念"正义就是给每个人他应得的部分"相对应,为"天道"提出了一个实质正义的明确界定。从魏晋到宋明,"天理"作为宇宙规律被逐步提升到超越具象的形而上层面。由此中国文化经历了一个不同于西方现代化的理性化过程。一种形而上和逻辑化的"天理"成了对"天道"的具体界定,并成为一种论证社会制度正当性的最终标准。

在论证制约权力的合法性方面,可以说,天道与西方的自然法具有异曲同工之妙。

(二)天道意味着一种高于制定法和君权的在先约束

天道作为来自彼岸的最高准则,构成了对于现实政治的在先约束。这种约束不仅来自历代君主对天道的敬畏,同时,天道向人定法的转化也构成了在制度上限制和界定权力大小范围的具体标尺。

《诗经》中的"顺帝之则",老子的"王法地,地法天,天法道,道法自然",发展到董仲舒就是"屈君伸天"。历史上的农民起义或诸侯造反,多自称"替天行道",反映了一种依托天道约束的革命观。有学者指出,中国古代最主要的对于君权的制约渠道中,大多都与天道思想有着密不可分的关系。[①] 如果我们持一种关于"地方性知识"的法律相对主义视点,而不依照英美式的现代宪法的概念去看待中国古代政体,我们也可以说,中国历史上曾经形成过对于君权在观念上和事实上的不成文的一些"立宪"和制约。

天道思想在董仲舒那里被进一步理论化和系统化。董仲舒借助天道制约君权的思想集中体现在"屈君而伸天"这句话中。这句话是有着一定的积极意义的,它积极的一面就是希望实现对于君权的适当限制。在古代中国,依靠没有超验根基的制定法,是无法将九五之尊的上天之子钳制在内的。拿来规范人主的,只能是形而上的"自然法"——天道。要让天道成为皇帝效法的榜样和百姓评价皇帝的标准。也就是说,让天道成为一种无形的"枷锁"来让君主"委屈委屈"。这方面,构成了董仲舒"屈君而伸天"的一种"天道宪政观"。

"屈君而伸天"的思想事实上对君权的制约效果,在今天体现了最高政治制度成就的宪政主义眼里,也许是微不足道的。但由此带来的天道观念对今天的宪政建设却是一种极富价值的本土思想资源。

(三)天道的超验正义观与法治主义的国家观有类似之处

儒道两家同源自《易经》的阴阳观,阴阳观提供了一种混合均衡的、有节制的政

---

① 王怡:《宪政的在先约束——基督教与天道》,http://www.zhangdahai.com/gongwendaquan/gong-shangzhijiangongwen/2021/0222/136581.html。

治思想。天道的正义观是一种消极的、均衡的正义观,它强调政治的无为,"易,无思也,无为也"(《易经系辞》);强调坚持阴柔一面的制衡作用,"弱者道之用"①;而反对政治的暴力,"强梁者不得其死"②。尽管这种以阴弱为支点的"天道"的消极性,并没有明确其个人自由的内容。但这与自由宪政主义坚守的以自然权利为起点的消极的国家观,却是非常类似的。③

但是我们也应当看到,在君主专制这一根本政治体制的基础之上,天道限制君权的效力很大程度上只能依赖君主自身的心理因素,这是它难以避免的历史局限。

第六节 法治视角下的天道观

一、天道——古代中国的自然法

一般而言,西方所谓法治主要是以自然法观念为价值根源的。自然法被理解为存在于国家法的外部作为检验国家法是否符合正义的尺度。在这里,正义带有神圣色彩,是一种超越于此世的理想。④

中国尽管没有西方形式上的自然法,但是,与自然法类似的天道观念长期存在于我们的传统文化之中。中国人的天道思想和西方的自然法传统是比较类似的,它们都是以某种超验的价值作为道德和政治的最高来源。根据老子等人的学说,天道是主宰宇宙万物的法则。天道无时不在、无处不有、无微不至。天道是普遍适用的法则,自然界和人类社会都逃脱不了天道的支配。天道是规律、法则,是规范、正义,它高于一切人的意志,它不以人们意志为转移地制约着宇宙万物和人的行为。人类不能僭越天道,不能以人道否定天道。

古学者眼中,天道与西方法文化中的自然法至少在以下几个方面有共通之处:第一,它们都是关于规律的。例如,在自然界,水往低处流;在人类事务中,权力总是要腐败的。第二,它们都具有普遍性、最高性和永恒性。它们都是高于世

---

① 《道德经·四十章》。
② 《道德经·四十二章》。
③ 王怡:《宪政主义:观念与制度的转捩》,山东人民出版社,2006,第241-242页。
④ 季卫东:《宪政的新范式》,《读书杂志》2003年第12期。

俗之上的高级法，具有不可逾越的超越性。不论是西方的自然法还是中国的天道，都超越任何人的力量，是任何人只能顺应不能改变的，尤其超越于最高权力之上。握有强力的君主同样不能改变天道和自然法的规则。天道是各种自然法则结成的一张罩住万物的恢恢天网，任何人无法逃脱。对于这样的天网，人们只能尊重服从，不能违背，更不能超越。无论帝王们怎么宣传，民众还是相信在王法之上还有更高的天道、天理、天条。这是帝王的权力不论多么强大，都不能改变的现实。不论是个人，还是国家，顺应天道者昌，逆反天道者亡。王朝更迭就充分说明了这样的道理。①

二、天道观的权力制约作用

天道要在现实中真正发挥作用，尤其是在约束君主权力方面发挥作用，必须具备这样一个前提：君主本人必须虔诚地相信天道，对天道有一种发自内心的敬畏感，即所谓"信则灵"。那么，中国古代的君主是否发自内心地相信天道呢？

从古籍当中描述的有关历代君主祭天的严肃态度上，我们似乎可以认为绝大多数君主是虔诚地相信天道的。祭祀之前皇帝都必须沐浴更衣，有的更要提前斋戒几日以表诚心，从这种态度上就能看出，他们是真正相信自己是"天子"，就是天的儿子。虽然在人间他的权力是至高无上的，但是他最终还是得听从上天的旨意，时常反省自己有什么地方做得不合"天道"，而致使百姓民怨纷生，动摇了江山社稷的根基。而大臣们上书进谏、劝告皇帝的时候，经常提到的也是"顺从天意"。当一个皇帝昏庸无道——"道"在这里指的就是天道，老百姓忍无可忍而起义时，打出的也是诸如"替天行道"的大旗。在古代的社会，从上到下，人们都普遍相信天道的存在，并且相信天道是善的、好的，做人是应该顺应天意的。

这种信仰是如此虔诚，以至于它影响到了国家政治和社会生活的方方面面。如中国古代的宫殿建筑，也是严格按《周礼考工记》的帝都营建原则安排的，而不是出于帝王本人的喜好。几千年来，一个个在人世间拥有至高无上的权力的帝王在建造国家重要的建筑的时候，第一个想到的就是如何遵从上天定出的规矩来建造"顺应天意"的家。《周礼考工记》中记载了"前朝后市，左祖右社"的帝都营建原则。"前朝"即其前半部分为外廷，即朝廷，是帝王上朝听政之处；"后市"就是皇城的后面是市场，是都城的商业交易之地；"左祖"即紫禁城左前方安排有皇家祭祖的地方，就是太庙；"右社"即紫禁城右前方安排有皇家祭神的地方，就是社稷坛（社即土地，稷即五谷）。所以几千年的历史长河中，中国古代宫殿大体形式几乎没有什么

---

① 刘军宁：《天道与自由：申述天道自由主义》，《中国文化》2006年第1期。

变化,即使有变化也都是在建筑细节上,因为天道是永恒不变的。宫殿建筑最终反映出的是古人对上天的敬畏。①

如果说权力制约的价值根基在西方国家体现为自然法学说的话,那么,它在中国传统文化中则体现为天道观。天道是古代中国最高政治原则的代名词,道高于君作为古代中国一个历久不衰的政治观念,在上下五千年的历史长河中,从来没有人公然反对过这个信条。②

① 《从中国古代宫殿建筑看古人对天道的敬畏》,https://www.doc88.com/p-990521529291.html。
② 张分田:《中国的帝王观念》,中国人民大学出版社,2003,第554页。

第四章　礼文化中的法治基因

"礼"在中国传统文化中无疑具有重要的地位,它甚至成了中国传统文化的核心内容和精髓。① 由于礼在中国古代社会中的特殊地位和作用,近现代的一些学者将它誉为中国古代的"宪法"。② 从礼在中国古代社会中所起的作用来说,礼的确与宪法有异曲同工之妙,如果说将其简单类比为宪法不甚妥当的话,笔者认为,这些类似之处至少是中国传统文化中存在"法治基因"的重要体现。

第一节　礼　的　起　源

从词源上看,"礼",本作"豊(lǐ)",后加"示"旁表义。繁体"禮"从"豊"声,简体袭用《说文》古体"礼"的写法,作"礼"。

繁体礼的右半边"豊",在甲骨文中,像豆形器皿(古代祭祀用的一种高脚盘)里装满玉串,表示用最美好的物品敬拜神灵。当"豊"作为单纯字件后,有的金文再加"示"("示"的上部像天,下面的"小"原是三垂,代表日月星。凡"示"字旁的汉字,往往与天地祖宗鬼神有关,如祸、福、神、祖、祭祀、祥等)另造"禮",强调"礼"的"祭拜"含义,表示通过献玉的隆重仪式向神灵表示虔敬。篆文承续金文字形,晚期隶书承续籀文字形,并进一步简化。文言版《说文解字》写道:"禮,履也,所以事神致福也。"意为礼,履行,用以事奉神灵获得福祉。以礼祭拜神灵,必须恭恭敬敬,并有庄重的仪式。

看到繁体的"禮",我们仿佛看到了一幅古人敬天祭祖的图画:在遥远的古代,无论是一个部落还是一个家族,在祭拜上天或者祖先的时候,都要用华美的高脚盘盛上精美的玉石,毕恭毕敬地放到象征上天或祖宗的神龛或牌位前,按照权力或辈分的固定秩序举行隆重的仪式。后来,凡是表示敬意、举行仪式都与"礼"字有

---

① 蒋璟萍:《礼仪的伦理学视角》,中国社会科学出版社,2007,第2页。
② 马小红:《礼与法》,北京大学出版社,2004,第79页。

关了。

总之,礼起源于原始社会时期的祭祀活动。礼仪是古人为祭祀天地神明、保佑风调雨顺、祈祷祖先显灵、拜求降福免灾而举行的一项敬神拜祖仪式。

第二节 礼的发展

如果说一开始礼还只是一种敬天祭祖的仪式的话,那么随着历史的发展,部落首领或家族的族长、家长会发现,每当举行这种庄重仪式的之后,参加祭祀的人们按照权力或辈分安排的秩序都会得到一次强化。逐渐地,这种秩序就代表了一种管理秩序,具有不可动摇的权威性。于是,作为敬天祭祖仪式的礼逐步演化为一种社会规范。而且这种社会规范具有神圣性,违背这一规范的人毫无疑问地不仅会遭到本群体其他成员在道德上的谴责,而且可能被逐出部落或家族,甚至会面临杀身之祸。于是,礼顺理成章地完成了由祭祀仪式到社会规范的转化。

一、周公制礼

尧舜时期制定的礼,在经过夏、商、周这三个奴隶制社会国家1000余年的总结、推广后,日趋完善。周朝前期历经文王、武王、成王三个君主,重新"兴正礼乐,度制于是改,而民和睦,颂声兴"。周公在朝廷设置礼官,专门掌管天下礼仪,把古代礼仪制度推向了较为完备的阶段。

唐代杜佑曾谓:"故自伏羲以来,五礼始彰。尧舜之时,五礼咸备。"①将礼之萌芽上溯到伏羲时代,不免无稽。但"讲礼"的孔子曾言:"殷因于夏礼,所损益,可知也;周因于殷礼,所损益,可知也。"②这里将"夏礼""殷礼"和"周礼"连缀成线,据此礼之形成至少不能晚于三代。三代之礼中,又以周礼最为完备发达,前有周公的"制礼作乐",后有孔子的"克己复礼",礼成为周的核心。

《汉书礼乐志》载:"王者必因前王之礼,顺时施宜,有所损益……周监于二代,礼文尤具,事为之制,曲为之防。……孔子美之曰,郁郁乎文哉,吾从周。"可知周公制礼时,是以夏商二代之礼,加以损益,而制为郁郁乎有文章的周礼。也就是说,礼起于三代而备于周朝。

---

① 《通典》卷四十一《礼一·礼序》。
② 《论语·为政》。

周王朝建立之后,统治者在夏礼和商礼的基础上,以"亲亲"和"尊尊"为基本指导思想,综合本族的风俗习惯,在周公主持下,对以往的宗法传统习惯进行补充、整理,制定出一套以维护宗法等级制度为中心的行为规范以及相应的典章制度、礼节仪式,史称"周公制礼"。

周公,姬姓,名旦,是周文王姬昌第四子,周武王姬发的弟弟,曾两次辅佐周武王东伐纣王,因其采邑在周,爵为上公,故称周公。周公是西周初期杰出的政治家、军事家、思想家、教育家,被尊为"元圣"和儒学先驱。周公摄政七年,提出了各方面根本性的典章制度,完善了宗法制度、分封制、嫡长子继承法和井田制。周公七年归政成王,正式确立了周王朝的嫡长子继承制,这些制度的最大特色是以宗法血缘为纽带,把家族和国家融合在一起,把政治和伦理融合在一起。这些制度的形成对中国封建社会产生了极大的影响,为周族八百年的统治奠定了基础。

周公制礼,是周公一生最主要的功绩之一。这次制礼的内容非常广泛,大到国家的政治制度,小到个人的日常行为都有详细规定。大的方面包括宗法制、分封制和国家重大活动的制度礼仪,小的方面包括人的婚姻、丧事、成人礼仪、祭祀活动等。通过周公制礼,统治阶层力图使西周的社会制度、国家制度和人们的生活以及思想,都符合礼的要求,做事以礼为准则。此后,在中国两千多年的历史中,虽然朝代不断更替,但西周时周公制礼所确定的各种礼制都被继承了下来,特别是在婚姻制度方面,一直到现在还可以看到周礼的影响(参见"六礼"和"七出三不去")。

周人将礼分为"吉、凶、军、宾、嘉"五种仪制,其中除吉礼仍为事神礼仪外,其他四种礼仪均与现实社会生活相关。这五种仪制又被分为"冠、婚、朝、聘、丧、祭、宾主、乡饮酒、军旅"九种礼事,各种礼事又各有具体的仪项和繁缛的仪节。并且,大部分礼仪都有相应的音乐配合,不同的社会等级均有不同的乐队规模和用乐范围的严格规定,这些规定成为统治阶级各阶层必须遵守的制度。这样,就使整个贵族阶层的社会行为、思想感情乃至政治关系完全消融在王室规定的礼和乐的文化氛围之中。

《周礼·春官》详细记述了五种仪制:

吉礼,祭祀之礼。

凶礼,丧葬灾变之礼。

宾礼,是上至天子诸侯,下至普通贵族相互往来、迎见宾客,处理日常社交关系的礼仪。

军礼,军队日常操练、征伐、出行、凯旋时所用礼仪。

嘉礼,各种吉庆欢会活动所用的礼仪。

周礼所确定的法统的根本宗旨,是在人间秩序效法天道秩序的基本原则下,把天道法则及其价值落实在世俗立法中,把君主、大臣、普通人民的行为全部规导到一个秩序中来运作,即所谓"天人合一"。

二、孔子"克己复礼"

春秋时期的孔子,把礼推向了一个至高无上的地位。为了礼的需要,可以舍弃一切。《论语》中有"克己复礼为仁。非礼勿视,非礼勿听","天下有道,则礼乐征伐自天子出;天下无道,则礼乐征伐自诸侯出"。

所谓"克己复礼",就是要求人们自觉地约束自己,在既定的位置上以礼的标准正确地处理上下左右的关系,如为父要慈,为子要孝,为友要信,为臣要忠,为君要善、要爱民,这样社会个体成员道德境界的提高与整个社会文明政治秩序的稳定与推进便是一个和谐统一的、相辅相成的过程。礼要求每个社会成员恪守既定的社会关系,也赋予他们一定的道德责任。如果人们都恪守这些关系,履行其道德责任,社会就稳定,反之,秩序受到破坏,社会便动荡不安。"克己复礼为仁"的详细含义还包括对人们所有言行举止的规范,在这方面,礼既表现为规范化的文明仪态,也表现为在传统习俗的基础上加以整理定型的许多具体仪式。孔子认为,对礼的学习和实践是一个人在社会上安身立命的基本条件。

孔子所主张的礼最主要的含义就是"行为规范",包括以下三个方面的作用。

(一)政治上的作用

用所谓的"礼制""礼治",建立各种典章制度,来规范人们的行为,以达到统制国家的作用。

(二)社会上的作用

用所谓的"礼教",以节日习俗、庆生、婚礼、丧礼、祭祀等各种社交礼仪、礼节,来规范人们的行为,从而达到移风易俗的作用。

(三)人心自觉的作用

所谓"人而不仁,如何礼"是孔子非常重要的贡献,孔子给僵化了的"礼"及"仁"赋予了灵魂,期望通过教育,人们能够从外在行为规范中对自己的生命进行观照,从而唤醒自己的心灵,做一个立志修养品德的君子。礼要求每个社会成员恪守既定的社会关系,也赋予了每个社会成员一定的道德责任。如果人们都恪守这些关系,履行其道德责任,社会就稳定,反之,秩序就会受到破坏,社会便动荡不安。日常生活中的礼是颇为细致浩繁的,然而正是这个礼在规范人们言行的同时,构成了稳定的社会秩序的广泛基础。

三、汉代将礼的重要性提高到前所未有的高度

汉代是礼制体系的确立时期。西汉前期的礼制主要是确认和宣扬汉统治的合法性,在郊祀、社稷、朝仪等礼制上呈现出"废秦立汉,宣扬正统与皇权"的特征。这一时期通过建立以"五帝神祭祀"为核心的郊祀礼制,宣扬汉帝国受天命而立的政治合法性;通过社稷祭祀之礼的革秦立汉,确立汉政权的政治权威性;通过制定朝仪之礼确立君主的至上权威性。

到了汉武帝时期,"废黜百家,独尊儒术"的治国方略确立后,礼作为社会道德、行为标准、精神支柱,其重要性被提高到了前所未有的高度,中央政府和地方政府通过一系列措施,对礼制加以推行,这些措施不仅使礼制的政治功能和社会功能得以宣扬,也使礼制与皇权结合得更为紧密。礼制的推行成为维护皇权与稳定封建社会基本秩序的重要工具。

在汉代,礼的精神已经开始注入司法领域,礼成为判断一个案件是非曲直的最高标准,甚至可以以礼废法。所谓"意善而违于法者免,意恶而合于法者诛",集中体现在"春秋决狱"中。"春秋决狱"的核心是"论心定罪",也就是说,要以人们的主观动机是否符合礼的标准来决定当事人刑事责任的有无与轻重。与礼的精神相符的,即使违反了法律也可以得到赦免;与礼的精神相悖的,哪怕是符合法律规定也要受到处罚。

从下面这两个典型案例中,我们可以对"春秋决狱"有一个初步认识:

> 《太平御览》:甲无子,拾道旁儿乙,养为己子。及乙长,有罪杀人,以状语甲,甲藏匿乙。甲当何论?断曰:甲无子,振活养乙。虽非所生,谁与易之。诗云:螟蛉有子,蜾蠃负之。春秋之义,父为子隐,子为父隐。甲宜匿乙。诏不当坐。

故事是说:甲本来没有儿子,抱路边的一个弃儿乙回家,抚养成人。乙长大后杀了人,回来把事情告诉了甲。甲为了使乙免受处罚,就把他藏匿起来。按照汉朝法律的规定,对甲应以匿奸罪论处,判以重刑。但是董仲舒认为,按照《春秋》的精神,父子应该相容隐,所谓"父为子隐,子为父隐,直在其中也"。甲虽然不是乙的生父,但从小抚养其长大,两人的关系形同亲生父子,所以甲不应受处罚。

还有一个与之相反的例子:

> 甲把儿子乙自小送人,乙长大以后,有一次甲喝醉了酒,就告诉乙说:"我是你父亲。"乙很生气,就打了甲。依照法律,殴打父亲要处以死刑。董仲舒却说乙不该被判有罪,因为甲未对儿子做到父亲的责任,两人并无

父子恩义可言。

从这两个例子可以看出,"春秋决狱"的核心是"论心定罪",也就是说,要以人们的主观动机是否符合儒家所倡导的礼仪标准来决定刑事责任的有无与轻重。①

四、专设掌管礼的官僚机构

历朝历代都在朝廷上设置了掌管天下礼仪的官僚机构,如汉代的大鸿胪、尚书礼曹;魏晋时期的祠部,北魏又称仪曹;隋唐以后的礼部尚书,清末改为典礼院等。

凡诸侯王、列侯和各属国的君长,以及外国君主或使臣,都被视为皇帝的宾客,所以与此有关的事务多由大鸿胪掌管。如诸侯王、列侯受封或其子息嗣位,以及他们因有罪而夺爵、削地,都由大鸿胪经手处置。诸侯王进京朝见皇帝,大鸿胪典掌礼仪;诸侯王死亡,大鸿胪遣使吊唁,并草制诔策和谥号。臣属于汉的藩属国君长,来接受汉的封号或朝见皇帝,或外国使臣来贡献等属于礼仪方面的事务的,都由大鸿胪承办。郡国派属吏到京师上计,大鸿胪要为他们安排馆舍。大鸿胪秩为中二千石,有丞。属官有行人、译官、别火三令、丞,武帝时改行人为大行。又设郡邸长、丞,主管各郡在京的邸舍。东汉时只留一大行,余皆省去。大行之下有治礼郎四十七人,专门管理各项具体的礼仪事务。魏晋至明、清,大鸿胪职掌屡有所变化。魏晋及北魏,大鸿胪在掌一般殿廷礼仪的同时,仅负责夺爵削地事务,其余权力分归尚书省吏部、礼部、刑部。梁、陈称鸿胪卿,改掌赞导一般殿廷礼仪而不负责封爵事务。唐、宋鸿胪卿恢复礼宾事务,兼主皇室、大臣之凶仪。金、元不设此官。明代基本恢复梁、陈之制,鸿胪卿专掌一般殿廷礼仪。清代沿用不改,宾客事务则转归理藩院管理。

南北朝北周始设礼部,隋唐为六部之一,历代相沿,长官为礼部尚书。礼部尚书是主管朝廷中礼仪、祭祀、宴餐、学校、科举和外事活动的大臣。礼部下设四司,明清皆为:仪制清吏司,掌嘉礼、军礼及管理学务、科举考试事;祠祭清吏司,掌吉礼、凶礼事务;主客清吏司,掌宾礼及接待外宾事务;精膳清吏司,掌筵飨廪饩牲牢事务。四司之外,清设有铸印局,掌铸造皇帝宝印及内外官员印信。会同四译馆,掌接待各藩属、外国贡使及翻译等事。光绪三十二年(1906年),清政府宣布"仿行宪政",将原设之太常寺、光禄寺、鸿胪寺并入礼部。礼部内部机构中添设承政、参议二厅,仪制、太常、光禄三司及礼器库、礼学馆。宣统三年(1911年),将礼部改为典礼院,成为清政府专管朝廷坛庙、陵寝之礼乐及制造典守事宜,并掌修明礼乐、更

---

① 蒋来用、高莉:《法学的故事》,中央编译出版社,2006,第165页。

定章制的机关。

唐朝礼部:礼部尚书一员,正三品。侍郎一员,正四品下。尚书、侍郎之职,掌天下礼仪、祭享、贡举之政令。其属有四:一曰礼部,二曰祠部,三曰膳部,四曰主客。总其职务,而行其制命。其科有六:一曰秀才,试方略策五条。此科取人稍峻,贞观已后遂绝。二曰明经,三曰进士,四曰明法,五曰书,六曰算。

宋朝礼部:元丰改制后礼部有三个下属部门:祠部、主客、膳部。尚书、侍郎各一人,郎中、员外郎四司各一人。元祐初,省祠部郎官一员,以主客兼膳部。绍圣改元,主客、膳部互置郎官兼领。建炎以后并同。

明朝礼部:尚书一人,正二品。左、右侍郎各一人,正三品。其属:司务厅,司务二人,从九品;仪制、祠祭、主客、精膳四清吏司,各郎中一人,正五品;员外郎一人,从五品;主事一人,正六品。正统六年增设仪制、祠祭二司主事各一人。又增设仪制司主事一人,教习驸马。弘治五年增设主客司主事一人,提督会同馆。所辖,铸印局,大使一人,副使二人。万历九年革一人。

清朝礼部:礼部尚书,左、右侍郎,俱满、汉一人。其属:堂主事,清档房满洲二人,汉本房满洲、汉军各一人。司务,满、汉各一人。笔帖式,宗室一人,满洲三十有四人,蒙古二人,汉军四人。典制、祠祭、主客、精膳四清吏司:郎中,满洲六人,典制、祠祭,各二人,馀俱一人。蒙古一人,主客司置。汉四人。司各一人。员外郎,宗室一人,主客司置。满洲八人,典制、祠祭司各三人。馀俱一人。蒙古一人,祠祭司置。汉二人。典制、祠祭司各一人。主事,宗室、蒙古各一人,精膳司置。满洲三人,典制、祠祭、精膳司各一人。汉四人。司各一人。印铸局,汉员外郎、满洲署主事、汉大使,未入流。各一人。堂子尉,满洲八人。七品二人,八品六人。

第三节　礼在中国历史上的重要作用

出于对死亡的恐惧和对鬼神的敬畏,中国古人对于礼是顶礼膜拜、严格遵守的,所以礼从诞生的第一刻起便有了强大的约束力。国家产生以后,国家的统治者将礼改造为全社会必须遵行的行为准则。国家的统治者之所以将礼引入到国家政治生活中来,就是看中了礼与生俱来的强大约束力。

礼是一种来自上天的强制,同时,礼被统治者加入了更多的内容,增添了新的政治功用,所谓"承天之道,以治人之道"①。这些内容和功用虽然和礼的原始含义

---

① 《礼记·礼运》。

相去甚远,但是礼与人类与生俱来的恐惧感相联系的强大约束力却仍旧延伸到了它们这里,使它们也具有了与先古的礼的相同作用。统治者日益强化礼的作用,在这一过程中,礼逐渐复杂起来,发展成为不光规范家庭、婚姻、亲属,还规范国家政治生活、君臣关系的重要的行为规则。

由于周初统治者的重视,礼在国家政治生活中开始扮演重要的角色。礼经国家统治者的改造之后,成为他们手中得心应手的工具。"礼经三百,威仪三千"①,最终成为社会中主要、具有强大约束力的行为准则。"礼义以为纪,以正君臣,以笃父子,以睦兄弟,以和夫妇。"②从这里可以看到,礼在社会生活中日益发挥重要的作用。

因为礼的产生以及被国家统治者运用于国家活动之中,礼的作用逐渐被人们认识到,尤其是被一些上层知识分子认识到,他们开始主动寻找礼存在的理论根据,使礼获得了理论上的支持。这些知识分子当中最著名的便是孔子与孟子,他们创造了一系列的理论,为礼进行辩护,为日后封建社会中关于礼的理论的发展打下了良好的基础。

先秦时期,严守礼制的思想观念就已经深入人心。这从当时的许多文学作品当中就可有所了解。如《诗经·相鼠》中就有"人而无礼,胡不遄死"的诗句。而描写礼治秩序最多、涉及面最广的是先秦诸子散文和历史散文,《论语》和《左传》是它们当中勤于写礼的代表作品。通过电脑检索统计,"礼"字在《论语》中共出现了75次,在《左传》中共出现515次。这两个数字从某种程度上说明礼在当时已经充斥于生活的各个角落,礼的思想观念早已深入人心,以至于当时的人们不得不经常利用礼的概念来思考问题、发表见解、评论是非。

礼之所以能够成为中国古代社会的行为规则,是由中国古代社会的宗法性质决定的。中国古代社会是传统的农业社会,自然经济在经济结构中占有绝对的比例,与这种经济基础相适应的是宗法社会的性质。宗法制度原本是一种家族制度,周灭商之后,"大封同姓,以屏周室",将家族制度与国家制度联系在一起,宗法制度从此发生质的演变。"大宗率小宗,小宗率群弟",形成复杂的等级制度。宗法与政治的高度结合,使国家的结构与国家的活动,同时渗透着血缘与政治双重因素。而以"尊尊亲亲"为核心的礼,兼顾了家与国、君与父、上与下,把国法引入家室,使国事成为家事,在国和家之间架起了一座桥梁,沟通了国与家。在宗法社会的社会关系调整中,通过礼的作用的发挥,调节了君臣上下、父子夫妇的关系,具有不可替代的作用。所以说,礼适应了宗法社会的需要,因而受到统治者的重视,并且以"制

---

① 《礼记·中庸》。
② 《礼记·礼运》。

礼"的形式将礼进一步深化,使礼在社会中发挥超出以前几倍、十几倍的作用。宗法社会需要这样的行为规则,因此礼便在中国社会中以行为规则的角色发挥着日益重要的作用。

进入封建社会之后,家国一体的政治体制虽然解体,家庭作为社会的"细胞",仍然受到统治者的重视,家法、族法日益成为封建法律体系的重要组成部分,对于确认家庭内部的尊卑等级,树立家长、族长的权威,调整家庭内部的伦常关系,起到了重要的作用。而这时礼的内容更多以家法族规的形式表现出来,家法族规发挥的作用,实际上是礼许多内容所发挥的作用。就中国古代社会的实际来看,礼作为行为规则的作用不但没有减低,反而进一步深化。

从以上论述可以看出礼在中国古人心目中是自然演化、人类发展的根本"大法"。这个"大法"是永恒存在的,它依靠人们内心的自觉而实践。在中国社会数千年的历史发展中,礼的制度和仪式在不断地变迁,夏、商、西周之礼"书缺简脱",至明清之际早已"莫详"。但是礼的精神在中国历史的发展进程当中却从未消失过,它确实"铭刻"在人们的内心里,代代相传。

民国时期,赵尔巽等修《清史稿·礼》,对礼的沿革与"大法"的作用陈述得更为具体:

> 自虞廷修五礼,兵休刑措。天秩虽简,鸿仪实容。沿及汉唐,迄乎明,救敝兴雅,咸以为的。煌煌乎,上下隆杀以节之,吉凶哀乐以文之,庄恭诚敬以赞之。纵其间淳浇世殊,要莫不弘亮天功,雕刻人理,随时以树之后范。

可见,礼自三代以至于明清,无论是治世还是乱世,都是人们心目当中追求的理想。凭借着礼的精神,人们可以"兴灭国,继绝世,举逸民"①,可以在国家危难、制度凋敝的情况下拨乱反正,延续文明的发展。

梁启超总结道:"礼云礼云,贵绝恶于未萌,而起敬于微眇。使民日徙善远罪而不自知也。"②孔子以为礼的作用可以养成人类自动自治的习惯,实属改良社会的根本办法,他主张礼治的主要精神在此。③

有鉴于此,马小红教授认为"从礼在中国古代社会中所起到的作用来说,礼与宪法具有某些类似之处"④。而张千帆教授则更为明确地指出:"传统的礼治正是宪政的一种形式(或许是一种古典与极不完善的形式)。儒家的'礼'实际上能被合

---

① 《论语·尧曰》。
② 贾谊:《治安策》。
③ 梁启超:《饮冰室合集》第8册,《专集之三十六·孔子》,第16-17页。
④ 马小红:《礼与法:法的历史连接》,北京大学出版社,2004,第87页。

适地定性为一部统治社会的'宪法'。"①

第四节 宪法学视角下的礼

本节从宪法学的视角,对礼的性质与功能加以分析。作为国家的根本大法,宪法既具有一切法律的共同特点,又具有与一般法律不同的特征,主要是:

第一,宪法是"根本法"。宪法的内容不同于一般法律,一般法律的内容只涉及社会生活的某一个方面、某一个领域。宪法的内容涉及国家和社会生活的根本问题,是一切组织和个人的根本活动准则。

第二,宪法是"母法"。宪法是制定一般法律的依据,一切法律都要以宪法为依据。正如人们通常所说的,宪法是母法,其他法律是子法。

第三,宪法是"最高法"。宪法具有最高的法律效力,一切法律、法规都不得同宪法相抵触。

谈到礼,人们往往更关注它强调道德伦理的一面,怎么可能把它定位为"法律"呢? 实际上,从实际内容来看,和法律一样,礼也是一部庞大的规则体系——尽管某些规则可能在今天看来过于陈旧或不尽合理,尽管它不一定总能保证获得一种确定无疑的解释或公正的实施,但它仍然不失为统治传统中国社会的规则体系。从形式上看,礼转化为成文法的过程和法治国家的法律传统也是一致的,例如英国的普通法就被称为"成文化的习惯"(codified custom)——成文立法来自原来不成文的道德习惯。就"按照规则进行统治"这一点来说,传统中国的礼治和西方历史上的法治是相通的。

这里当然不是要把礼和我们今天所看到的宪法完全等同起来,只是论证传统的礼在本质上具有宪法的基本特征。也许有人会说,礼制本身就是讲的有差等,没有平等,何谈宪法呢? 实际上,宪法的诸多实体价值选择(如平等、自由、人权等)并非与生俱来,而是历史发展到近现代的产物。笔者认为只要礼具备宪法在形式结构上的要件,就可以被视为宪法。这就像《大宪章》本身就是以承认贵族和平民的等级划分为前提的;历史上美国联邦宪法有种族歧视的"五分之三条款"、在内战结束前不把黑人作为一个完整的人看待的内容却仍被视为宪法是同样的道理。

---

① 张千帆:《在自然法与一般法之间:关于"礼"的宪法学分析》,载方流芳主编《法大评论》,中国政法大学出版社,2001,第 336-368 页。

一、礼的"根本法"内涵

礼渗透于中国古代社会的方方面面,是中国古代确立社会秩序的最重要的依据。和现代国家的宪法内容相似,它的内容涉及国家和社会生活的根本问题,指导着诸如官制、官服、官等、官法、官箴的建设,是一切组织和个人的根本活动准则。所以,《左传》隐公十一年中有这样一段话:"礼,经国家,定社稷,序民人,利后嗣者也。"这是对礼的功能的高度概括。

首先,礼"经国家、定社稷",确认了王权的特殊地位与国家权力的合法性。礼对王权的维护,一是通过郊祭、封禅等祭祀之礼,使当位之君的权力合法性一再得到天地等超社会权威的认可;二是强化社会政治的等级规范,确立君主的特殊地位。国家权力的合法性与君权的特殊地位是维系古代中国政治运行的根本所在,所以,《礼记》云治国以礼则"官得其体,政事得其施",治国无礼则"官失其体,政事失其施",结论是"礼之所兴,众之所治也;礼之所废,众之所乱也"①。国家的治乱,全系之于礼的兴废。

其次,礼是维护社会秩序、整合古代社会的基本规范。中国古代社会是一个典型的宗法社会,根据儒家的观点,在这种社会里,存在于家族中的亲疏、尊卑、长幼的区别和存在于社会中的贵贱上下的区别,是维护社会秩序的需要。如果没有尊卑长幼、贵贱上下的区分和差别,反而会破坏社会分工,导致社会秩序的混乱。礼的功用就在于通过这些差异对贵贱、尊卑、长幼、亲疏进行区分。"礼者所以定亲疏,决嫌疑,别同异,明是非也。"②《礼记·哀公问》中载:"民之所由生,礼为大。非礼无以节事天地之神也。非礼无以辨君臣上下长幼之位也。非礼无以别男女父子兄弟之亲婚姻疏数之交也。君子以此之为尊敬然。"《晏子春秋·外篇》中载:"上若无礼,无以使其下;下若无礼,无以事其上。人之所贵于禽兽者,以有礼也。人君无礼,无以临其邦;大夫无礼,官吏不恭;父子无礼,其家必凶;兄弟无礼,不能久同。"日本法学家穗积陈重对中国的礼有过这样的论述:"举凡宗教、道德、惯习、法律,悉举而包诸礼仪之中。……上自君臣、父子、兄弟、夫妇、朋友,下逮冠、婚、丧、祭、宫室、衣服、饮食、器具、言语、容貌、进退,凡一切人事,无大无小,而悉纳于礼之范围。"③礼的最终目的就是通过明分别异维护宗法社会秩序的稳定。

---

① 《礼记·仲尼燕居》第二十八。
② 《曲礼》。
③ 《中国法理学发达史论》,载《饮冰室合集·文集之十五》,中华书局,1989,第77-78页。

再次，礼代表着人们进行各种活动所应当遵循的程序。① 费孝通先生说："中国的乡土社会就是一个礼治社会。在这种社会中，礼是社会公认合适的行为规范。合于礼的行为就是做得对的。"②礼的条文是具体与庞杂的，其范围也几乎是包罗万象的——从婚姻到丧礼、从地方活动到举国祭奠、从儿女家教到培养社会精英。从整体上说，礼可以被定义为一个基本规则（Rules）的体系，它包括了制定普通法律所必须遵循的基本规则。

此外，礼还是评判行为是非的标准。如孔子非常推崇周文王和武王时的礼治盛世，他认为治理国家必须首先"正名"。所谓"正名"，就是以周礼为尺度，去确定等级名分，纠正"君不君、臣不臣、父不父、子不子"等违反君臣、父子等级关系的现象，严格遵守礼的规定，以是否合乎礼作为评判人们的行为是否正当的标准。

由于礼的规定涉及中国古代社会的各种最基本问题，所以，如果没有礼的规范，整个社会将会陷入混乱的状态。《礼记·经解》载：夫礼，禁乱之所由生，犹坊止水之所自来也。故以旧坊为无所用而坏之者，必有水败。以旧礼为无所用而去之者，必有乱患。故婚姻之礼废，则夫妇之道苦而淫辟之罪多矣。乡饮酒之礼废，则长幼之序失而争斗之狱繁矣。丧祭之礼废，则臣子之恩薄而倍死忘生者众矣。聘觐之礼废，则君臣之位失，诸侯之行恶而倍畔侵陵之败起矣。由于礼是安上治民、体国立政的根本指导原则，是调整社会关系和国家生活的思想基础，因此，从周公制礼以后，礼便被视为"国之干也"③、"国之常也"④、"国之大经也"⑤。在古人看来，礼是国家施政的标准，有礼则国家政治有轨可循，无礼则施政无准，势将导致混乱。孔子就主张"为国以礼"，认为"礼之所兴，众之所治也；礼之所废，众之所乱也"⑥。汉朝的贾谊在《新书》中也有如下论述："道德仁义，非礼不成；教训正俗，非礼不备；分争辨讼，非礼不决；君臣上下，父子兄弟，非礼不定；宦学事师，非礼不亲；班朝治军，莅官行法，非礼威不行；祷祠祭祀，供给鬼神，非礼不诚不庄。"其意在说明礼是国家进行一切事务的规范，也是天下人言行的规范。所以，贾谊认为只有礼才是"固国家、定社稷，使君无失其民也"⑦的根本。

礼的某些部分被认为如此重要，以至于不允许有任何更动。因此，"亲亲也，尊尊也，长长也，男女有别，此其不可得与民变革者也"⑧。尽管礼的某些部分随着时

---

① "礼，履也"，有遵从、实践之意。见《礼记·祭义》。
② 费孝通：《乡土中国》，三联书店，1985，第49-50页。
③ 《左传·僖公十一年》。
④ 《国语·晋语》。
⑤ 《左传·昭公十五年》。
⑥ 《礼记·仲尼燕居》。
⑦ 《新书·礼》。
⑧ 《礼记·大传》。

间的推移曾获得程度不等的修正,但礼的体系中确实包含着一个价值核心,它在古代中国一直保持着相当程度的稳定。所谓"天不变,道亦不变",这些被认为永恒不变的法则反映了中国社会长期坚持的某些基本价值。① 因此,中国古代的任何一个王朝在建立之后,莫不以"制礼"作为首要的政治任务。

西周在推翻了商王朝之后,为了建立稳定的周王朝,统一广大疆域内各族各部的思想和行动,周公着手整理、制定和补充已爱憎分明的礼,使之成为礼典,最终形成了周代的礼乐盛世,维护了西周数百年的统治。

春秋战国时期是社会大变革的时期,此时礼乐制度也发生了很大的变化,出现了礼崩乐坏的局面。从表面上看,西周以来建立的宗法等级制度在这一时期遭到了破坏,但从另一方面看,这只是诸侯、卿大夫把过去只有天子、诸侯才可以使用的礼仪照搬过来,以此突显自己的权势,除了周天子的衰微之外,其本质并没有发生多大的变化。礼乐制度的模式并没有在社会变迁之中被打破,礼制依然是各国维系统治的有效手段。②

秦王朝统一六国后,虽以法家思想为指导,"缘法而治",但是也对礼制十分重视,"悉内六国礼仪,采择其善,虽不合圣制,其尊君抑臣,朝廷济济,依古以来"③。

经过秦末的动乱之后,汉初的首要任务之一就是任用叔孙通"制朝仪"。《史记·叔孙通列传》对此有详细记载。汉高祖刘邦命叔孙通制定宗庙礼乐,作《傍章》十八篇,撰《汉礼器制度》,使汉代的礼乐制度不断完善。汉武帝时对礼乐制度又有重大举措,任用张汤制定《越宫律》二十七篇,赵禹制定《朝律》六篇,进一步健全了礼仪制度。

唐初,社会刚刚稳定之后,唐太宗贞观初年便制定了《贞观礼》,随后唐高宗又制定《显庆礼》,二礼并行。唐玄宗时期在前代礼制的基础上制定了规模更大的《大唐开元礼》,其所规定的礼仪形式集前代礼制之大成,涵盖了社会生活的各个方面,协调了各种关系,也是开元盛世的基础。

明初,天下初定,统治者首先考虑的就是振兴礼乐,"明太祖初定天下,他务未遑,首开礼、乐二局,广征耆儒,分曹究讨"。洪武元年命中书省暨翰林院、太常司,定拟祀典。乃历叙沿革之由,酌定郊社宗庙议以进。后来又诏诸儒臣修礼书,赐名《大明礼集》。此后,该朝还不断修订礼书,其繁复远远超过汉唐。历代均把"制礼作乐"、修订礼书作为治国安邦的头等大事,这是因为礼仪制度在当时确实可以调

---

① 张千帆:《在自然法和一般法之间:关于"礼"的宪法学分析》,http://www.yfzs.gov.cn/ 2005-09-04。
② 刘泽华:《中国传统政治哲学与社会整合》,中国社会科学出版社,2000,第74页。
③ 《礼书》。

整各种社会关系,使皇帝"知为皇帝之贵",使群臣、百姓各有等差,各自在等级秩序中安于职守,由此便可以形成和谐有序的社会秩序。

在中国古代社会,不只是深受儒学影响的汉族政权以礼制作为王朝建立和存续之根本,就连少数民族建立的政权也无法摆脱礼的影响。东晋十六国时期,北方少数民族建立的政权很重视礼乐制度。如北魏孝文帝即位后,对许多礼仪进行了汉化改革。北齐时又制定了有关礼仪的集大成著作《北齐仪注》。后来少数民族建立的政权,如辽、金以及元、清,一方面保存了本民族的一些风俗,同时又大量采用汉族礼仪,实行礼仪双轨制。因为他们认识到,要有效地统治广大中原地区,礼乐制度是最佳选择。这样既可以整顿社会秩序,同时也可以得到中原人民的认可,为其取得统治的合法性。

中国古代时期,农民在起义之初也会提出"等贵贱,均贫富"等打破封建等级制度的口号和主张,可他们一旦取得胜利、建立政权后,却仍旧没有摆脱礼制的政治模式,礼乐依旧成为他们统治的最佳手段。从秦末的陈胜、吴广起义到唐末的黄巢起义,一直到近代发生的太平天国起义概莫能外。① 由上可见,中国古代历代王朝,包括少数民族和农民起义建立的政权都没有在政治上突破礼的束缚,政权模式没有走出礼制的制约。② 这充分表明礼与中国古代社会相适应,对于维持有效的统治发挥着根本性的作用。

二、礼的"最高法"内涵

在中国古代,礼是"上下之纪,天地之经纬"③,是"当时社会的最高行为规则"④,任何法律,只有与礼的精神一致,才具有价值和效力。如《左传·僖公十一年》记内史过言:"礼,国之干也。礼不行则上下昏,何以长世"。《礼记·礼运》说:"治国不以礼,犹无耜而耕也。"《礼记·经解》也说:"礼之于国正也,犹衡之于轻重也,绳墨之于曲直也,规矩之于方圆也。"荀子极其强调礼的至关重要性:"礼者,法之大分,群类之纲纪也。"⑤礼按照道德、社会和经济地位把人们区分开来,并对他们规定各自的权利与义务。"故先王案为之制礼义以分之,使有贵贱之等,长幼之差,知贤愚、能不能之分。皆使人载其事而各得其宜,然后使悫禄多少厚薄之称,是

---

① 刘泽华:《中国传统政治哲学与社会整合》,中国社会科学出版社,2000,第74-75页。
② 蒋传光:《略论中国古代社会的"礼治"秩序:一个法社会学的视角》,《西南师范大学学报(人文社会科学版)》2004年5月第3期。
③ 《左传·昭公二十五年》。
④ 朱贻庭:《中国传统伦理思想史》,华东师范大学出版社,2004,第142页。
⑤ 《荀子·劝学》。

夫群居和一之道也。"①同样,在《礼记》中,礼被设想为每一项人间法律的依据,并约束着人们关系的各个道德层面。因此,"夫礼所以定亲疏,决嫌疑,别同异,明是非也"②。

古代中国大量的立法和司法实践活动都表明,礼在实质上扮演着中国古代社会最高法的角色。

首先,在立法方面。历代儒臣编定好法典上疏的时候,总在奏文中诚惶诚恐地表达自己所撰的法典如何合于礼义;历代君主在颁布法令或大赦天下时,又无不标榜自己如何隆礼盛德,每遇法律需要注疏解释时,又无不以礼制经典作为其疏议的根据;饶有兴味的是偶有涉及某一法律条文的存废、增删之争,论战双方必定都是援引礼制经义相互诘难。"春秋决狱"则更是表明经义礼乃是定罪量刑的根本原则,表明礼在中国古代司法实践中占据至高的地位。由于礼极为详尽地规定了社会活动的固定程序,个人一般只有相当有限的余地来曲解其含义。因此,在许多方面,即使是通常被认为凌驾于任何法律之上的皇帝,也不能擅自脱离礼所规定的社会规范的控制。至少根据儒家理论,他应该被培养成为传统美德的化身,并在其执政期间履行礼所规定的义务(如主持国家的重大祭奠仪式等)。③从这个意义上说,就算是最高统治者的权力,也要受制于"礼治"的约束。

其次,在刑罚的适用上,一些根据礼所确定的法律原则有着更高的约束力,对于这些原则,统治阶级也多加以遵守而较少违反。这些原则包括许多,如依据儒家礼治原则所确立的八议、请、减、赎、官当、免,还有准五服以制罪等,最为明显的是亲亲得相首匿或容隐的原则,因为这是根据礼所要求的"子为父隐,父为子隐,直在其中"精神所确定的,进一步限制了统治者对刑罚的滥用,除某些严重的刑事犯罪外,统治者,包括最高统治者都必须遵守。

在中国古代文学中,尤其是在明清小说中,我们一再看到官员们在司法实践中往往将礼的原则放在高于制定法的地位。如清代《海公小红袍全传》中的海瑞,任地方官兼司法官多年,他在处理案件时的标准就是:

> 凡讼之可疑者,与其屈兄,宁屈其弟;与其屈叔伯,宁屈其侄。与其屈贫民,宁屈富民;与其屈愚直,宁屈刁顽。事在争产业,与其屈小民,宁屈乡宦,以救弊也。事在争言貌,与其屈乡宦,宁屈小民,以存体也。

可见,为后代传颂的清官海瑞在断狱时并非严格依照当时的制定法和法理,而是遵循中国传统的"礼教"精神。根据这种精神,有时候他甚至可以置制定法于不

---

① 《荀子·荣辱》。
② 《礼记·曲礼上》。
③ "天子者,与天地参。故德配天地,兼利万物……"见《礼记·经解》。

顾,而直接采用礼的标准。① 尽管是出自文学作品,但文学作品毕竟来源于现实生活,它从一个侧面在某种程度上反映了一个时代人们对于礼的基本看法。

再次,司法制度上也必须要遵行礼的原则,"秋冬行刑"便是一个最典型的例子。"秋冬行刑"是儒家所提倡的天人感应学说的具体体现,也是礼的具体要求,是礼的内容在司法制度上的体现。因此对封建统治者也有约束力,不得违反"秋冬行刑"的规定,隋文帝曾要求"六月棒杀人",受到了大臣的谏阻,隋文帝却回答:"六月虽曰生长,此时必有雷霆。天道既于炎阳之时,震其威怒,我则天而行,有何不可?"遂将罪犯处死。这件事立刻被当作背伦天理的大事被史书记录在册,作为后世皇帝引以为鉴的典型。

当然,与现代意义的宪法不同,中国古代的礼在很大程度上不是以国家强制力为后盾,而是依靠人们的道德自觉和社会舆论的力量维持着自己"根本大法"的尊严。但是,应当指出的是,生活在现代工商业社会中的人们是无法代替古人思考的。在古代中国那个传统的农业宗法性社会里,道德自觉和社会舆论的约束力之大是远远超乎生活在现代社会的你我的想象力的。

三、礼的"母法"内涵

"礼,国之纪也。"②中国传统法中关于诉讼、婚姻、家庭、宗族、继承、身份等方面的制度都可以在礼制中找到相应的规定。在古代中国,礼指导着一切法律的制定,法律的制定是为了更好地贯彻实施礼的精神和内容。所谓"礼义以为纲纪,……明刑以为助"③,礼是"政之本欤"④。从最早的周公立政到末代的清王朝,一切典章制度都以礼为指导思想,有些礼典,就是国家的大经大法。

以作为中国封建法律成就代表的唐律为例,《唐律疏议》开宗明义地写道:"德礼为政教之本,刑罚为政教之用。"这种以礼为本的思想,成为历代统治者所谓的"治国大纲"。

譬如纲常之礼便是唐律最基本的内容。十恶大罪之所以"为常赦所不原",就在于这些行为触犯了"三纲"之礼。唐律的制定从武德朝起,历经贞观、永徽、开元诸朝始最后定型。在这个过程中,以礼改律之处最多,例如,贞观前《唐律疏议·贼盗律》中"谋反大逆"条规定:"谋反大逆人父子、兄弟借处死,祖孙配没。"贞观修律

---

① 余其宗:《中国文学与中国法律》,中国政法大学出版社,2002,第21-22页。
② 《国语·晋语四》。
③ 《新唐书·刑法志》。
④ 《礼记·哀公问》。

时改为谋反大逆人父子处绞,祖孙、兄弟借配没。这个改动主要是依祖孙兄弟的血缘亲疏关系而调整处死的范围。按《礼记·祭统》中"孙为王父尸",祭祖可以孙列,说明了祖孙关系重于兄弟关系,如果祖孙配没,兄弟处死,显然于亲情不合。因此贞观修律时房玄龄据礼作如上改动。

又如,《唐律疏议·户婚律》中"同姓不得为婚"条,只禁止同姓即外姻有服属尊卑为婚,对外姻无服是否属尊卑为婚没有规定。永徽修律时,增补了"父母之姑舅两姨姊妹及姨若堂姨、母之姑,堂姑,己之堂姨及再从姨、堂外甥女、女婿姊妹,并不得为婚姻。违者杖一百,并离之"。按照礼,堂姑、堂姨等为父党、母党,且有尊卑名分,如许为婚,岂非亏损名教,蔑弃人伦?所以据礼加以禁止。魏征曾说:"礼义以为纲纪,……明刑以为助。"①既然明刑是为了助礼,因此唐律的制定与修撰,自然要以礼为指导。

唐律的制定除总的方面接受礼的指导外,有些律文几乎是礼典的翻版。譬如,《唐律疏议·名例律》"八议"是《周礼·秋官·小司寇》中"八辟"的照办;《唐律疏议·户婚律》中"七出三不去"是《大戴礼记·本命》中"七去三不去"的移植。也有的律文是礼的原则的演绎。譬如,《唐律疏议·名例律》关于"矜老小及疾"的具体规定如下:"诸年七十以上、十五以下及废疾,犯流罪以下,收赎;……九十以上、七岁以下,虽有死罪,不加刑。"显而易见,这是从《周礼》的"三赦之法"中"一赦曰幼弱,二赦曰老耄,三赦曰蠢愚"和《礼记》中"悼耄不刑",即"八十、九十曰耄,七年曰悼。悼与耄虽有罪,不加刑焉"演绎而来的。此外,唐律关于不孝罪之一的"诸祖父母父母在,而子孙别籍、异财者,徒三年","诸子孙违反教令及供养有缺者,徒二年"是《礼记·内则》中"孝子之养老也,乐其心,不违其志,乐其耳目,安其寝处,以其饮食忠养之"和《礼记·曲礼》中"父母存,不有私财"的法律化。类似的例子在唐律中还有很多。

以礼入刑、以刑护礼的特征在明清两朝的立法当中达到了顶峰。《大明律》和《大清律》中都制定有《礼律》。《大明律》的《礼律》有两卷,共 26 条。这种立法动向表明,明代统治者对于传统的以礼法精神来制定法律的做法感到还有不足,于是干脆另起炉灶,专立《礼律》,从而发展、强化了礼在封建法律制定当中的指导作用。清承明制,全部保留了《大明律》的两卷《礼律》,仅作了很小的变动。

实际上,尽管古代中国人不知道礼与西方的宪法有相似之处,但是,他们关于礼的诸多言论中也折射出礼的宪法内涵。比如,《礼记·礼运》载:"治国不以礼,犹无耜而耕也。"《礼记·经解》载:"礼之于国正也,犹衡之于轻重也,绳墨之于曲直也,规矩之于方圆也。"《荀子·大略篇》载:"礼者,政之也。为政不以礼,政不行矣。"

---

① 《新唐书·刑法志》。

应当承认,和现代宪法相比,礼的结构还显得过于原始,礼的内容中也包含了许多在现在看来不近人情的规则,但它作为中国传统社会的"最高法律",毕竟还是维持了一个讲求规则的社会。"在这个意义上,它是整合传统中国社会的一部'宪法',是古代宪政的一种形式,不论这种宪政形式包含着多少缺陷(有时甚至是专制这种致命缺陷)。"①

也应该看到,和现代宪法不同,礼的基本目标并不是保护个人的权利和独立空间;相反,它试图对个人施加众多的义务,以提高人的道德感并使之为社会服务。但"实体价值选择本身不应成为判断'礼'是否能被定性为宪法的标准。只要'礼'符合构成宪法的基本'形式'条件,那么实体价值是否可取不应影响它的宪法地位"②。

第五节 礼对君主权力制约的体现

许多人认为中国古代的帝王,天下独尊,不受任何力量的约束,实际上并非如此。在中国古代社会,礼的普及不分贫富、贵贱,是人们心目中永恒的、正义的"法则",它的威力是今人无法想象的。礼的准则即君要守君道、臣要守臣道,"欲为君,尽君道;欲为臣,尽臣道。二者皆法尧舜而已矣。不以舜之所以事尧事君,不敬其君者也;不以尧之所以治民治民,贼其民者也"③。无论在朝廷还是在社会日常生活当中,帝王的言行都要受到礼制的约束。黑格尔在评价中国古代的帝王时,曾有这样一段论述:"他(皇帝)的职权虽大,但是他没有行使他个人意志的余地。因为他的随时督察固然必要,全部行政却以国中许多古训为准则。"④黑格尔的评述说明帝王的言行受到一种无形大法的制约,这个大法就是礼。

我们知道,对于现代国家而言,宪法之所以具有崇高的地位,是因为宪法的产生与一般法律不同。在成文宪法国家,宪法有自己特殊的制定方式,一般认为它是全体民众共同意志的体现,在非成文宪法国家宪法则被认为是源自本国由来已久的惯例和传统。所以,无论是在成文宪法国家还是在非成文宪法国家,宪法的地位都是极其神圣的。

---

① 张千帆:《在自然法与一般法之间——关于"礼"的宪法学分析》,载方流芳主编《法大评论》,中国政法大学出版,2001,第336-368页。

② 同上。

③ 《孟子·离娄子》。

④ 黑格尔:《历史哲学》,王造时译,商务印书馆,1959,第167页。

在古代中国，礼的地位就是极其神圣的，这和西方国家历史上宪法的地位很相似。礼在中国古代之所以具有神圣的地位，是因为它被认为是起源于远古的神明、圣人，甚至被认为是从开天辟地以来就有的，是不需要人制作就存在的。如荀子在讲到礼的起源时，曾说："礼起于何也？人生而有欲，欲而不得，则不能无求，求而无度量分界，则不能不争。争则乱，乱则穷。先王恶其乱也，故制礼义以分之，以养人之欲，给人之求，使欲必不穷乎物，物必不屈于欲，两者相持而长，是礼之所起也。"①这里就是把礼说成是先王所作，而先王则是古之圣人，有似神明的。《礼记》则是将礼的来源直接归之于圣人："夫唯禽兽无礼，故父子聚麀。是故圣人作，为礼以教人，使人以有礼，知自别于禽兽。"②而《左传》中的相关论述则更是将礼视为与天地同久的客观规律，"夫礼，天之经也，地之义也，民之行也"③，"礼之可以为国也久矣！与天地并"④。

正是因为礼的来源如此神圣，出身如此高贵，所以在古代中国，礼具有最高的法律效力，一切法典都不得同礼的精神相抵触。不仅如此，鉴于礼的神圣地位，君王也必须遵守礼的规定，不能够有所逾越，即使贵为皇帝，也得遵守礼的原则。历代所阐述的许多政治法律思想都明确主张皇帝应当遵循礼的规定。如周代的敬天保民思想，最主要的主张就是要实现礼的"亲亲尊尊"原则，如果统治者违背了礼的这些基本原则，皇天就会不再保佑周人，而是另选其他能够遵循礼的原则的人来做统治者。孟子也认为，人君必须行仁政，而仁政的核心就是礼（"克己复礼为仁"），如果人君不遵守礼的原则，不行仁政，那么贵族们就有权废黜他，甚至可以把严重违礼的君主杀死。所谓"君有大过则谏，反复之而不听，则易位"⑤，"贼仁者谓之贼，贼义者谓之残，残贼之人谓之一夫。闻诛一夫纣矣，未闻弑君也"⑥。汉代的董仲舒倡导"天人感应"说，主张人君的行为应当符合天道，实际上也是要皇帝遵循礼，实行礼的亲亲尊尊原则，对人民实行教化："五帝三王之治天下，不敢有臣民之心。什一而税，教以爱，使以忠。敬长老，亲亲而尊尊。不夺民时，使民不过岁三日。民家给人足，无怨望忿怒之患，强弱之难，无谗贼妒忌之人。民修德而美好，被发衔哺而游，不慕富贵，耻恶不犯。"⑦而翻检中国古代历史，确实随处可见君主个人意志受礼制制约的现象。漫长的帝史尽管没有一部条文析备的君主权限法典，

---

① 《荀子·礼论》。
② 《礼记·曲礼上》。
③ 《左传》昭公二十五年。
④ 《左传》昭公二十六年。
⑤ 《孟子·万章》下。
⑥ 《孟子·梁惠王下》。
⑦ 《春秋繁露·王道》。

但是，历代皇朝公开认定的礼制经典已经为君主权力的行使划定了一个世人皆知的范围。任何一位嗣君继位都逃脱不掉礼制的约束。

为了子孙未来帝业的长治久安，中国历史上许多有为的皇帝都把希望寄托在用礼制约束子孙行为的机制上。比如，唐太宗为子孙后代编制了《帝范》，篇目有十二，分别是：君体、建亲、求贤、审官、纳谏、去谗、戒盈、崇俭、赏罚、务农、阅武、崇文。明太祖明确宣布："吾子孙当取法于古之圣帝哲王，兢兢业业，日慎一日，鉴彼荒淫，勿蹈其辙。"①并亲自编定《祖训录》，其目录列十三条，分别是：箴戒、持守、严祭祀、谨出入、慎国政、礼仪、法律、内令、内官、职制、兵卫、营缮、供用。"上亲为之叙。于是颁赐诸王，且录于谨身殿东庑、乾清宫东壁。仍令诸王书于王宫正殿、内宫东壁。以时睹者。"②明宣宗作《帝训》，条目更细，列篇二十五，分别是：君德、奉天、法祖、正家、睦亲、仁民、经国、勤政、恭俭、做戒、用贤、知人、去疾、防微、求言、祭祀、重农、兴学、赏罚、黜陟、恤刑、文治、武备、驭夷、药饵。希望承嗣之君"时置一册于坐侧，甚为有益"③。历代积累的礼制限制君权的实例，则构成后来诸朝借鉴惩君的礼制资料。

礼在古代中国社会，实际上就是约束双方权利、义务的规则。如果大家能够恪守这一规则，不超越礼法，各安其分，地方社会各自作为一个整体就可以进行自我管理，不需要太多的国家权力介入。孔子就曾说："道之以政，齐之以刑，民免而无耻；道之以德，齐之以礼，有耻且格。"④大意是，如果加强政府对社会的管理，用刑法来规范国民的行为，老百姓会变得规规矩矩，但却丧失了廉耻。如果以道德教化社会，以礼法来规约人的行为，老百姓不仅知道廉耻，而且举止中规中矩。

对于现代人而言，大部分人觉得所谓礼教是对个人、个性的压抑。中国现代思想史上的许多启蒙运动，都首先要突破这种礼教。实际上，礼在维持了一个稳定的古代中国社会的同时，也发挥着对权力，包括君主权力的约束作用。

特别能说明礼对君主权力是约束的，当数孔子所谓的"君使臣以礼，臣事君以忠"⑤的原则。需要说明的是"忠"在《论语》里的用法并不一定是下对上的效忠，比如曾子的"日三省吾身"，其中第一条就是"为人谋而不忠乎"⑥，这里"忠"的意思是尽心尽力。"君使臣以礼"，也不是单纯地讲上对下的权威，而是这种权威的限度。理解这一点，可以看《论语》里的另一段："仲弓问仁。子曰：出门如见大宾，使民如

---

① 徐学聚：《国朝典汇》卷八，《朝端大政》。
② 徐学聚：《国朝典汇》卷八，《东宫》卷二十九，《求言纳谏》，书目文献出版社。
③ 余继登：《典故纪闻》卷九。
④ 《论语》为政第二，三。
⑤ 《论语·八佾》。
⑥ 《论语·学而》。

承大祭。己所不欲,勿施于人。"①将"君使臣以礼"和"使民如承大祭"排列起来可以看出:无论是对臣对民,都是指君主对下的态度,而"大祭"也是礼的具体一例。这两句因此完全可以互文见义。其表达的基本理念是,君主要按照礼仪使用臣民,行为要有约束,不能逾越礼制的界限。而在说后一句时,孔子还特别追加一句解释自己的意思:"己所不欲,勿施于人。"对臣对民,都应该像对一个平等的人那样,将心比心。这里讲的,哪里是什么专制主义秩序?

　　孔子批评"居上不宽"中的"宽",并不仅仅指一种宽容或宽松的态度,也含有政府不要过多介入社会事务,不能向民间有非分索取的意思。《论语》是孔子门人零散的记录,不成系统,许多问题语焉不详。但到了《孟子》,一些问题就有较系统的讨论,可以拿来和《论语》印证。孟子说:"贤君必恭俭礼下,取民有制。"②这里,他所谓的礼明确是"礼下",即君主对老百姓的义务和其权力的限度,所以才有"取民有制"的约束。孟子进一步从税收财政的角度,明确划定了政府行为的范围和其必须接受的约束。下面一段话非常清楚地表述了孟子构想的国家与社会的关系:

　　戴盈之曰:什一,去关市之征,今兹未能。请轻之,以待来年,然后已。何如? 孟子曰:今有人日攘其邻之鸡者,或告之曰:是非君子之道。曰:请损之,月攘一鸡,以待来年,然后已。如知其非义,斯速已矣,何待来年?③

　　这段是讲,一个政府官员问孟子:"只按土地产量十分之一的比例征税,取消关市之税,这些都是应该的。但今年做不到(大概政府有财政赤字要补)。能不能先减一部分税,等来年再逐渐达到上述目标?"孟子则回答:"如今有个人每天从他邻居那里偷只鸡。有人告诉他:这太不道德了。他则说:是否能让我先减到每月偷一只,等来年再根除这个毛病呢?"可见,在孟子看来,政府收税,只能收农产量的十分之一,超过这个标准就是偷东西。不管政府有什么理由,都不能拿不属于自己的东西。用现代的话来说,就是君主在操作国家财政时必须接受法治的约束。这其实是一种"法治之礼",和欧洲中世纪约束君权的法治非常接近。他的"民为贵,社稷次之,君为轻"④的名言,当然不是什么现代民主的理念,但是和那些以武力要挟英君接受《大宪章》的英格兰贵族的价值观念非常相通。⑤

　　礼制观念尽管赋予皇位极大的权力,但这不等于赋予所有登上此位的个人都切实拥有这样的权力。倘若在位的皇帝想把皇位的绝对权力变成纯粹个人自由的

---

① 《论语·颜渊》。
② 《孟子·滕文公上》。
③ 《孟子·滕文公下》。
④ 《孟子·尽心下》。
⑤ 薛涌:《向历史要回我们的孔子》,《南方周末》2007年2月7日。

绝对权力,必然促成皇朝经常性的政治危机,也一定遭到托起皇位制度的文官集团的激烈反对。①明朝万历年间,整整六十年的立储之争,反映出皇位制度运行的特点,皇帝的权力如果超出礼制观念的界限,必然引起文官集团的一致反对。

礼制一方面通过严密繁重的礼典、礼仪定制铺张了对皇位的神秘信仰;另一方面,对现实中的皇帝本人是否遵照皇位制度的要求行动,又从不放松警惕,一旦皇帝个人经受不住诱惑与考验,立即会引起礼制的谴责。敬天法祖是文官集团制衡君主权力的武器,翻检古代朝廷官员的奏疏文集,批评皇帝的奏章俯拾皆是,而且其词语尖锐、不留情面。所以,中国历史上一意孤行的皇帝是屈指可数的,而且他们都为自己的"非礼"行为付出了惨重的代价,有的甚至搭上了身家性命。

可见,从某种程度上说,中国古代的皇帝实际上只是一个人为树立的形像,是人们为满足全民族的共同政治信仰而树立的绝对象征。真正维系起中国传统社会的是礼制。现实当中的皇帝本人并非许多人想象中的那样无拘无束、言出法随。与其说全体国民都忠实地匍匐于皇帝的脚下,倒不如说是忠实地匍匐于礼制之下的。②

明神宗时期,皇帝数年不理朝政而社会依然维持着基本秩序的史实就是对上述判断的一个印证。晚明数代皇帝不理朝政:世宗中年以后就不见朝臣;穆宗即位三年也不向大臣发一句话;神宗从万历十七年后三十年只因梃击案召见群臣一次,连旬累月的奏疏,任其堆积如山,不审不批,把一切政事置之脑后,深居内宫。皇帝不上朝,大臣和他见不着面,上了奏疏也不看,临到大臣辞职都没法辞,于是按惯例送上一封辞呈,也不管准不准,弃官回家。有的大臣离职之后皇帝也不知道,知道了既不挽留也不责怪,官缺了也不调补。万历四十年,中央六部尚书只剩下一个在位,都察院一百多位编额官员只剩下九人在职。各部无人上班,衙门上锁,院子里长满草,所有公事——解银、发饷、防盗、断狱全都无人办理。上上下下,各行其是,各玩自己的潇洒,连个"维持会"的样子都懒得装,这真是个咄咄怪事了。以至于"晚明社会的百年之中,累计有半个多世纪的皇帝不理国政"③。

我们不禁要问:几十年中,泱泱大国究竟依靠什么维系着社会基本的秩序?人民为什么仍然可以继续过他们的日子?这背后究竟有一个什么样的力量在主宰着中国社会的运行?如果不是礼,又能是什么呢?无怪乎孟德斯鸠早就指出:如果中国政体抛去了礼这一最根本的原则,"国家便会陷入无政府状态"④。

---

① 李宝臣:《文化冲撞中的制度惯性》,中国城市出版社,2002,第103页。
② 同上书,第104-106页。
③ 吴小龙:《末世悲风说晚明——读刘志琴〈晚明史论〉》,http://zhuanlan.zhilu.com/p1645359046。
④ 孟德斯鸠:《论法的精神》(上册),张雁深译,商务印书馆,1987,第314页。

适应中国古代宗法社会的需要，礼以行为规则的角色在中国古代社会发挥着重要作用，它渗透于社会生活的方方面面，成为确立社会秩序的依据和治理国家的根本。中国古代大量的立法和司法实践活动都表明："礼"在实质上扮演着"最高法"的角色。漫长的中国历史尽管没有出现一部条文析备的君主权限法典，但是，历代王朝公开制定的礼制经典已经为君主权力的行使划定了一个世人皆知的范围，礼制限制君权的事例在中国历史上俯拾皆是。

当然，与现代意义的宪法相比，礼的结构还显得过于原始，其内容当中还包含许多不近人情的规则；礼的基本目标也不是保护个人的基本权利和独立性。但作为中国传统社会的"最高法"，它毕竟还是维持了一个讲求规则和秩序的社会，而且礼也具备构成宪法的一些基本形式要件。如果抛开其实体价值不论，礼可以被视为整合中国传统社会的一部"宪法"。

第五章　民本思想中的法治基因

民本主义思想贯穿于中国传统文化发展的始终，是中国传统文化的哲学基础。① 历代法典均重视保障人民，体现着鲜明的民本主义色彩。以唐律为例，《唐律疏议·户婚律》明文规定对侵夺百姓私田的行为追究法律责任；《唐律疏议·断狱律》中的"讯囚察辞理"条、"拷囚不得过三度"条、"考囚限满不首"条等就对拷讯的条件、过程和限制等作了相当严密的规范；《唐律疏议·断狱律》中的"死囚覆奏报决"条则规定了"三复奏"制度，对京师地区死刑犯实行"五复奏"制度。此外，像唐律对老幼笃疾、怀孕以及产后百日内妇女不得实施拷讯的规定，即充分体现了对人的生命和健康的富有"人道性"的关注，有着鲜明的"民本主义"色彩。

民本思想，萌芽于殷周时期，形成于春秋战国时期，自秦汉到明清，绵延了两千多年。尽管在不同的历史时期，在不同情景下提出的民本主义思想显现出不同的形式，内容也有一定的差异，但有一点是相同或相似的，那就是都把民众作为社稷的根本，以民众为施政的基础。而这一点在客观上对于君主权力的滥用起到了一定的制约作用。

中国古代两千多年的历史表明，统治阶级如果坚持以民为本，施行"仁"政，君主权力的滥用就会在一定程度上得到有效的遏制，国家就会出现安定有序的局面。殷商时期，坚持民为邦本，励精图治，使商王朝建国兴业，"诸侯毕服"②。汉王朝的开创者们在对秦王朝短命覆灭的反思当中，认识到民众在政权更迭中的作用，以民为本，抑制权力的滥用，推行重民、爱民、与民休息的政治策略，西汉王朝"国家无事"、"人给家足"、政治稳定、经济繁荣、国力强盛，史称"文景之治"③。唐代贞观年间，民本思想直接产生并运用于当时君臣的治国实践，带来了明显的社会效益，出现了社会安定、边患消除、经济繁荣的局面，史书记载当时的社会殷富，社会风气达到"官吏多清谨"，"马牛布野，外户不闭"④。至于"开元之治""康乾之治"也大致如

---

① 刘新：《中国法哲学史纲》，中国人民大学出版社，2005，第3页。
② 《史记·殷本纪》。
③ 《汉书·刑法志》《史记·平准书》。
④ 《贞观政要·政体》。

此。反之，无论哪个朝代、哪个统治阶级，不论是不可一世的秦始皇，还是十分孱弱的汉献帝，一旦违背民意、滥用权力、穷兵黩武、横征暴敛，最终总会激化社会矛盾，造成社会的剧烈动荡，统治者也难逃灭亡的命运。

运用历史唯物主义的观点分析，中国古代社会长期稳定繁荣而不是战乱频仍，曾经为人类创造出无比灿烂的文明成果，这一事实足以证明在大部分时间里，中国古代君主的权力是受到了有效约束的。这种约束的有效性跟民本思想的源远流长有着不可分割的关系，"中华民族几千年的文明史之所以能够延续，在某种意义上讲与民本思想在治乱循环中得以传承、弘扬是分不开的"①。

从权力制约的视角来看，民本思想使天道观在现实的政治实践中有了实实在在的落脚点，使中国古代的君主权力受到了来自现实的"民"的实际制约，而且，民本思想还具有契约的意义，为近代中国人接受西方的权利制约权力的思想提供了文化支点。所有这些，都具有一定的宪政意义，是今人可资借鉴的有益文化资源。

第一节　民本思想的产生及其发展演变

一、殷周：民本思想的萌芽时期

"民本"一词源于《尚书》的"民惟邦本，本固邦宁"和《春秋谷梁传》的"民者，君之本也"。顾名思义，民本即以民为本，以人民为治国之本和国家统治的基础。《尚书》作为我国最早的一部史书，记载了尧至西周若干政治家的言论和某些重要历史事实，具有较为丰富的民本思想。《尚书·泰誓》曰："天视自我民视，天听自我民听""民之所欲，天必从之。"《尚书·酒诰》曰："人无于水监，当以民监。"《尚书·多方》提出："天惟时求民主。"《尚书·盘庚》中有"重我民""罔不惟民之承""施实德于民""视民利用迁"的记载。《史记·殷本纪》中商汤王明言"人视水见形，视民知治不"。西周时期，周公提出了"敬天保命""怀保小民"②的思想。他还提出了"惟命不于常"的观点，认为上天的意志与命令是可以改变的，上天不会永远无条件地垂青于一朝一姓。他还把承天受命的根据与人间的行为联系起来，这就是有"德"之

---

① 允春喜：《民本思想的历史沿革及其评价》，《北京工业大学学报》(社会科学版)2004年 第4卷第1期。
② 《尚书·无逸》。

人获"天命",商人的祖先正是因为有德,才成了天下的统治者。但商人的子孙由于"不敬其德",失去了"天之元子"的地位,"皇天上帝"抛弃了失德的商人。而周文王却因有德,成了"天之元子",于是上天"大命文王"①,周人于是就得了天下。那么,什么样的人才是有"德"呢?衡量有"德"无"德"的标尺是什么呢?就是民心的向背,民心直接反映了天意。他说:"天畏棐忱,民情大可见。"②大意是上天的威严和诚心,从民情上就可看得见。所以,对于统治者来说,要想知道能否得到天的佑助,只有体察民情才能得到真实的答案。因此,他主张"人无于水鉴,当于民鉴"③。就是说当政者不要将水作镜子,而应当通过民情来检查自己的政事。要求统治者勤政爱民,以德行事,倡导统治者"保民""爱民""得民""息民""利民""恤民"。从这些记载可以看出,在殷周之际,民众的重要性已被统治者所认识,已经有了明确的民本思想的萌芽。

二、先秦:民本思想的理论概括时期

春秋之际,社会处于大变革时期,当时礼崩乐坏,天下大乱,强凌弱,众暴寡,子杀父,臣弑君,"春秋之中,弑君三十六,亡国五十二,诸侯奔走不得保其社稷者不可胜数"④。在这场剧烈的社会变革中,民的力量得到充分显示。没有民的参与,推翻一个旧政权和建立一个新政权都是不可能的。基于这样的现实,思想家们及个别开明统治者主张将施政的中心放在民上。诸子百家对社会经济、政治的变革进行了深入的思考,纷纷提出了不同的治国主张和解决社会问题的设想,从而使民本思想首次获得较为系统的理论形态。

儒家创始人孔子不仅提出了"重民"思想,而且继承发展了春秋以来"仁"的思想,进一步主张"泛爱众"⑤"为政以德"⑥,主张统治者要对民众实施仁政。《论语·颜渊》中有:"子曰:'庶矣哉!'冉有曰:'既庶矣,又何加焉?'曰:'富之'。"《论语·尧曰》载孔子"所重:民、食、丧、祭"。

孟子则比较明确地提出了"民本"思想,论述了民在国家政治生活中的地位和作用,阐明了君权民予的观点,认为"得乎丘民而为天子"⑦,并主张"民为贵,社稷

---

① 《尚书·康诰》。
② 同上。
③ 同上。
④ 司马迁:《史记》,中华书局,1982,第3297页。
⑤ 《论语·学而》。
⑥ 《论语·为政》。
⑦ 《孟子·尽心下》。

次之,君为轻"①。他提出了人心向背律,认为要取信于民,就要"得其民""得其心",并从正反两个方面论述了不同的结果,"桀纣之失天下也,失其民也;失其民者,失其心也。得天下有道:得其民斯得天下矣;得其民有道:得其心,斯得民矣;得其心有道;所欲与之聚之,所恶勿施,尔也"②。他还主张"施泽于民""乐民之乐""忧民之忧";爱惜"民财""民力";重视"民事""民时";"制民之产"③。

荀子把人民看成是国家构成的一个重要因素④,认为"天子生民,非为君也。天子立君,以为民也"⑤。他以"水则载舟""水则覆舟"⑥的比喻说明民众对国家兴亡的关系,在他看来"足国之道,节用裕民,而善臧其余。节用以礼,裕民以政。彼裕民故多余,裕民则民富"⑦,"下贫则上贫,下富则上富"⑧。为此,应当实行轻徭薄赋和藏富于民的"裕民""惠民"政策⑨。要"生民则致宽使民则綦理"⑩,只有这样,才能使百姓安定,"庶人安政,然后君子安位"⑪。

墨子提出了以"兼爱"为核心的民本思想,并将"尚贤""尚同""节用""非攻""非乐"作为"兼爱"⑫的具体表现。认为只要大家"兼相爱,交相利"就会使社会和谐,就会没有强执弱、富辱贫、贵傲贱、智欺愚。他把爱民、富民放在首位,要求国君先爱万民,而后爱自身,爱民胜于爱自身。他认为古代圣王所以统一天下,就在于他们尽心爱民宽厚利民⑬。

老庄也注意到民的重要性,认为"贵以贱为本,高以下为基"⑭,"民之饥,以其上食税之多,是以饥"⑮,"圣人无常心,以百姓心为心"⑯,"百姓皆注其耳目,圣人皆孩之"⑰。《庄子·在宥》曰:"贱而不可任者,物也;卑而不可不因者,民也。……故圣人观于天而不助,成于德而不累,出于道而不谋。……恃于民而不轻,因于物而

---

① 《孟子·尽心下》。
② 《孟子·离娄上》。
③ 《孟子·滕文公上》。
④ 《荀子·致士》。
⑤ 《荀子·大略》。
⑥ 同上。
⑦ 《荀子·天论》。
⑧ 《荀子·富国》。
⑨ 同上。
⑩ 《荀子·王霸》。
⑪ 《荀子·王制》。
⑫ 《墨子·兼爱下》。
⑬ 《墨子·节用中》。
⑭ 《道德经·三十九章》。
⑮ 《道德经·七十五章》。
⑯ 《道德经·四十九章》。
⑰ 《道德经·七十四章》。

不去。"他们通过对社会的批判,倡导统治者"我无为而民自化,我好静而民自正,我无事而民自富,我无欲而民自朴"①的不扰民的"无为"思想学说。

管子认为"政之所兴,在顺民心;政之所废,在逆民心"②。他提倡"爱民""慈爱百姓",主张把顺从民心视为治理政事的根本,建议统治者要施行符合人民心愿的事情。

韩非子继承了前人的思想,认为"君权民与"③,君权是由民众决定的,君王为了巩固自己的统治地位,必须顺从民心,以百姓的好恶为转移,所谓"君人者,以群臣百姓为威强者也。群臣百姓之所善则君善之,非群臣百姓之所善则君不善之"④。

三、汉唐宋元:民本思想的系统完善和实际运作时期

秦王朝横征暴敛、强力治民,"穷困万民而适其欲"⑤。民被置于死地而后反,致使"一夫作难而七庙隳",强秦还没有来得及悔悟便被历史的洪流席卷而去。这残酷的现实使西汉统治者本能地抛弃了暴政,提出了治理社会重在安民保民的思想,民本思想从此又重新显现出耀眼的光芒。如果说民本思想的基本命题在先秦均已被提出并被反复论证了的话,那么,在秦汉唐宋时期,民本思想的发展主要体现在其被进一步系统完善并转化为实际运作。

汉王朝统治者和思想家们围绕如何巩固新兴的封建政权,在秦亡汉兴的反思中,提出了治理社会重在安民保民的观点。陆贾继承孔孟关于爱民重民的思想,强调为政者治理国家,不仅要以德化民,而且要重视民众,爱护民众。⑥贾谊总结了秦亡的历史教训,指出为政应当实行以民为本的统治策略,坚持"民惟邦本"⑦。他指出:"闻之政也,民无不为本也。国以为本,君以为本,吏以为本。战国以民为安危,君以民为威侮,吏以民为贵贱。此之谓民无不为本也。""故夫民者,至贱而不可简也;至愚不可欺也。故自古至今,与民为分者,有迟有速,而民必胜。"⑧并主张王者考核官吏,应当听取人民的意见。"故夫民者,虽愚也,明上选吏焉。故士民誉之,见归而举之。故士民苦之,则明上察之,见非而去之,故王者去吏不妄,必使民

---

① 《道德经·五十七章》。
② 《管子·牧民》。
③ 《韩非子·五蠹》。
④ 《韩非子·八奸》。
⑤ 班固:《汉书》,中华书局,2000,第 2332 页。
⑥ 《新语·本行》。
⑦ 《新书·大政上》。
⑧ 同上。

唱,然后和之。故夫民者,吏之程也,察吏于民,然后随之。"①他力主实行爱民、惠民政策,并断言只有如此,才能安民,才能政权稳固②。

如果说贾谊是基于对秦亡历史教训的总结而提出民本思想的话,那么董仲舒的民本思想则是结合他"天人感应"的哲学观提出来的。他说:"天之生民,非为之也;而天之立王,以为王也,故其德是以安乐民者,天与之;其恶是以贼害民者,天夺之。"③主张宽民、利民,"夫本者,农也,农者,民也","夫土者,君之官也,君大奢侈,过度失礼,民叛矣。其民叛,其君穷矣,故曰木胜土"④。晁错认为治国的重要内容和前提是解决民生问题,做到"务民于农桑,薄赋敛,广积蓄"⑤,重视人情民心,实行爱民利民政策。王符在揭露批判东汉专制体制的弊端时,提出了民众是国之根本的思想,主张"君以恤民为本"⑥。

隋唐时期,社会政治的主要问题是如何巩固和维护大一统的体制,此时期民本思想的特点和内容也是围绕这一问题展开的。尤其是隋末的封建统治者与贪官污吏,横征暴敛,穷兵黩武,导致十分悲惨的景象。隋末唐初的思想家论述了民众在国家兴亡和政权更迭中的作用,强调治理国家要求推行仁政王道,以仁义礼乐治理天下必须持守以民为本。以王通为代表的思想家主张从民意、和民心、厚民生,保民众安居乐业,丰衣足食。

唐太宗贞观年间,民本思想发展到巅峰,唐太宗和他的大臣们在继承前人民本思想的基础上,对民本思想进行了更全面、系统的阐发,并运用于治国实践,奠定了唐朝繁荣强盛的稳固基础,促进了政治经济的发展。唐太宗提出"国以民为本"⑦,君为民推,"天子者,有道则人推为主,无道则人弃而不用"⑧。"为君之道,必须先存百姓,若损百姓以奉其身,犹割股以啖腹,腹饱而身毙,君富而国亡。故人君之患,不自外来,常由身出。夫欲盛则费广,费广则赋重,赋重则民愁,民愁则国危,国危则君丧"⑨。他屡屡称引"载舟覆舟"教诫太子。李世民主张"安人治国",推行与民休息、改善民生的政策。以魏征为代表的一代"贤臣"在辅佐唐太宗的过程中,对丰富民本思想也起到了重要的作用。

宋元时期,经济虽有了很大发展,但阶级矛盾、民族矛盾极为复杂、尖锐,此时

---

① 《新书·大政下》。
② 同上。
③ 《春秋繁露·尧舜不擅移汤武不专杀》。
④ 《春秋繁露·五行相胜》。
⑤ 《汉书·食货志》。
⑥ 《潜夫论·本论》。
⑦ 《贞观政要·务农》。
⑧ 《贞观政要·政体》。
⑨ 《贞观政要·君道》。

的民本思想的主要特点就是限制君权，反对土地兼并。宋代的李觏主张"立君为民"。张载提出"民吾同胞，物吾与也"①，强调"为天地立心，为生民立命，为往圣继绝学，为万世开太平"②，并主张注重民生，以民为本，以"井田"求得均平，缓和社会危机。王安石主张通过"利民""利公"相结合的变法，达到"省劳弗，去重敛，宽农民"③、增强国力、缓和社会矛盾的目的。司马光继承了传统儒学思想中的民本思想，认为国家必须以民为本，"民者，国之基也"④。他把百姓与国家比喻为"田"与"苗"的关系，"民者，田也；国者，苗也"⑤，认为"为政在顺民心"⑥。程颢、程颐认为要想真正治理好国家，必须实行仁政，"以生民为念"⑦；仁政的关键为："为政之道，以顺民心为本，以厚民生为本。"⑧朱熹以"民惟邦本，本固邦宁"作为民本思想的理论前提，认为"人君为政在于得人"⑨，"天下者天下人之天下"⑩；明确指出，"国以人民为本"⑪。

四、明清：民本思想的极致时期

明清时期是民本思想发展的最后时期，在这一时期，思想家对传统民本思想进行了理论升华，使民本思想达到了历史的最高水平。这不仅表现在明清时期的思想家对历代专制制度的无情抨击，批判秦汉以来的封建法律制度是"一家之法，而非天下之法也"⑫，"自秦以来，凡为帝王者皆贼也"⑬，更表现在他们已经开始明确倡导对君主权力的限制。

如何对君主的权力进行限制，明清时期主要有以下几种比较有代表性的认识。

（一）设学校以公是非

明清时期的思想家认为，君主不应把自己的意志凌驾于天下人之上，以君主一

---

① 《张子正集》。
② 《近思录拾遗》。
③ 《乞制置三司条例》。
④ 《传家集·进规状》。
⑤ 《传家集·才德论》。
⑥ 《文集》卷四六。
⑦ 程颐：《上仁宗皇帝书》。
⑧ 程颢、程颐：《二程集》，中华书局，1981，第531页。
⑨ 《周易程氏传》卷二。
⑩ 《四书集注》卷九。
⑪ 《孟子集注》卷十四。
⑫ 黄宗羲：《明夷待访录》，中华书局，1981，第10页。
⑬ 唐甄：《潜书》，中华书局，1963，第196页。

人的是非为是非，而要在君主的是非之外建立一个公正的是非标准——以天下民众的是非为是非。

（二）置相以分割君权

明清时期的思想家认为，秦汉以来君主权力日重，其中宰相权力被日益剥夺是主要的原因之一。黄宗羲说，"相"本来是分身之君，是君主专制政治体制中不可或缺的组成部分。"古者不传子而传贤，其视天子之位，去留犹夫宰相也，其后天子传子，宰相不传子，天子之子不皆贤，尚赖宰相传贤足相补救，则天子亦不失传贤之意。宰相既罢，天子之子一不贤，更无与为贤者矣，不亦并传子之意而失者乎？"①基于这样的认识，黄宗羲主张恢复宰相制度，以分割君权。

第二节　法治视角下的民本思想

一、民本思想为天道观提供了现实落脚点

民本思想为天道观提供了现实的落脚点，使制约君主权力具有了一定的可操作性。

任何一种具体的法律制度或政治建构的后面都要有一个终极的价值根据。如前文所述，中国传统的政治法律制度是建立在天道这一终极价值之上的。君王乃天之子，是上天派到人间管理万民的，因此，他就必须替天行道。这里的替天行道有两方面的含义：一方面，人间的君主以天子自居，通过"神的旨意"这一层"面纱"获得了统治的合法性；另一方面，它又为约束君主的权力设计了一个枢纽，倘若君主违背天意，就会视为对天的不尊，就会遭到"天惩"。许多朝代的更替正是在"天意"的旗号下进行的。

那么，人如何才能够参透上天的旨意，严格按照天道行事呢？孟子说："天视自我民视，天听自我民听。"②也就是说，天的旨意，很大程度上将通过民意体现出来，或者也可以这样说，天意将以民意为归依，天表彰好人、惩治坏人，主要是根据民的意见。这样一来，天的所见所闻，就是民的所见所闻，天的意志即为民的意志，听命

---

① 黄宗羲：《明夷待访录》，中华书局，1981，第14页。
② 《孟子·万章上》。

于天,或受命于天,实际上是听命于民,受命于民,反过来,"民之所欲,天必从之"①。因此舜禹汤文武的得天下,是天予之,也是民予之,桀纣的失天下,是天弃之,也是民弃之。所谓"天子不仁,不保四海"②,"获罪于天,无所祷也"③,应从这个意义上去理解,"获罪于天"便是"获罪于民"。

民本思想使天意由虚无缥缈转化为人间的实在。如果君王违反民意达到极端,民众就拥有了合法革命的权利。孟子从反面告诫道:"桀纣之失天下也,失其民也。失其民者,失其心也。得天下有道,得其民,斯得天下矣。"④

既然民意体现了天道,那么"民为邦本""民贵君轻""天之生民,非为君也。天之立君,以为民也"⑤等说法就自然具有了天然的合法性。纵观民本思想的沿革历史,我们可以发现,以民意言天道贯穿了民本思想发展的始终。

周公在训诫殷商遗民时,就强调周政权受命于天,政治合法性以德行为准。敬天明德之要,不在祭祀,而在保民。在周公看来,天命靡常,天与人归,天命之改易取决于政治的合法性,政治的合法性又取决于人民的福祉。倘若统治者不能保民,便丧失了继续统治的权利。⑥ 推言之,民众也就有了借天易君、推翻统治者的天然权利。

在先秦思想里,借助民意来言说天意已经发展为一种良好的传统。《左传·桓公六年》有这样一段记载:随国的国君在进攻楚国之前,想凭借丰厚的牺牲祭天神祖宗,以求取信鬼神以战胜楚国,大臣季梁却不以为然,说:"夫民,神之主也。是以圣王先成民,而后致力于神……于是乎民和而神降之福,故动则有成。今民各有异心,而鬼神乏主,君虽独丰,其可福之有?"⑦僖公十九年(公元前641年),宋襄公欲用人祭,宋大夫司马子鱼颇有异议,他说:"祭祀以为人也。民,神之主也。用人,其谁飨之。"⑧虞国宫之奇也曾说:"民不和,神不享矣。神所冯依,将在德矣。"⑨

《尚书·泰誓》有"天视自我民视,天听自我民听","民之所欲,天必从之"。《尚书·皋陶谟》载:"天聪明自我民聪明,天明畏自我民明畏。"在这里,民已经成了自行与天相通的独立的人格主体和政治主体。《左传·襄公十四年》载:"天之爱民甚

---

① 《尚书·泰誓》。
② 《孟子·离娄上》。
③ 《论语·八佾》。
④ 《孟子·离娄上》。
⑤ 《荀子·大略》。
⑥ "汤、武革命,顺乎天而应乎人"(《周易·革·彖辞》)。
⑦ 《左传·桓公六年》。
⑧ 《左传·僖公十九年》。
⑨ 《左传·僖公五年》。

矣,岂可使一人纵于民上,以肆其淫,以弃天地之性,必不然矣!"可见,一人凌驾于万民之上,已经上升到违背天地之性的高度。又据《左传·文公十三年》,邾文公卜迁于绎。史曰:"利于民而不利于君。"子曰:"苟利于民,孤利之也。天生民而树之君,以利之也。民既利矣,君必与焉。"荀子说得更直接:"天之生民,非为君也。天之立君,以为民也。"① 可见,民与天是直接贯通的。爱民、尊民,乃是遵从天地之性。民是天生的,君是树起来的。君与民有利害冲突时,自然要舍弃君的利益,保全民的利益。这样借助天意来论证天民关系和相应的君民关系,无疑为民众伸张自己的权利、制约君主权力的滥用提供了天然的合法性。

孟子认为,人民能够直接与天相通,天意要由民意来显现,例如,进用贤人,要"国人皆曰贤";决狱施刑,要"国人皆曰可杀"②。所以,孟子提出:"民为贵,社稷次之,君为轻。"③在这里,民之高贵,并不在于作为统治者的群众基础或社会依托,因为作为统治者的君本身是最次的。申言之,孟子的民本可以说是"民体国用"④。在孟子看来,以民为本,乃是因为民有所本。那么,民之所本是什么呢?民之所本,当然源于无所不在、高岸邈邈之天。民之尊贵,民之尊严,民之不可侵辱,乃是天理。如果君王违背民意,那就违背了天意。更重要的是,这个天意,又是通过"民视""民听"来显现的。既然如此,人民当然就有推翻暴君统治的权利。例如,齐宣王认为汤放桀、武王伐纣都是臣弑君的不德行为,孟子反驳道:"贼仁者,谓之贼;贼义者,谓之残。残贼之人,谓之一夫。闻诛一夫纣矣,未闻弑君也。"⑤

到了汉代,董仲舒对先秦的民本思想又有所发挥,他说:"天之生民,非为王也。而天立王,以为民也。故其德足以安乐其民者,天予之。其恶足以贼害民者,天夺之。"⑥在董仲舒看来,君主行仁政安民,则天才"与之",君主代天理民,必须顺承天意,以安乐民心为务,他说:"天之生民,非为之也;而天之立王,以为民也。故其德足以安乐民者,天与之;其恶足以贼害民者,天夺之。"⑦

宋朝的张载认为天与人合而为一,从民情可体察天道,"天无心,心都在人之心……故曰天曰帝者,皆民之情然也",在此他就强调了民的神圣地位,"大抵天道不可得而见,惟占之于民"⑧。因此君主应该行仁道,以仁德博施天下民众。理学的集大成者朱熹认为仁是一种先天的善心,他说:"盖仁之为道,乃天地生物之心,

---

① 《荀子·大略》。
② 《孟子·梁惠王下》。
③ 《孟子·尽心下》。
④ 金耀基:《中国民本思想史》,法律出版社,2008,第59页。
⑤ 《孟子·梁惠王下》。
⑥ 《春秋繁露注》。
⑦ 《春秋繁露》。
⑧ 张载:《经学理篇》《张载集》,中华书局,1978,第256页。

即物而在。情之未发,而此体已具,情之既发,而其用无穷。诚能体而存之,则众善之源,百行之本,莫不在是,此孔门之教,所以必使学者汲汲于求仁也。"①所以君主就应该体现这种先天的仁德之心,治国治民必须为政以德。

天道与民意的糅合在一定程度上给民本思想抹上了"天命"的色彩,从而规划了中国传统政治法律文化中民本思想的发展趋向。因为民意体现了天道,历代王朝均奉民本思想为正统统治思想,甚至一些帝王也发诏旨、著文章阐发民本思想,并在一定程度上付诸实践。秦灭亡后,惨痛的教训使得统治者和思想家们深有所思、所悟。汉初统治者清楚地认识到,秦灭亡的关键原因就在于其违背天道,滥用权力,不行仁政。因此,汉初的统治者施行了"与民休息"的一些政策,这实质上就是民本思想的要求。开国之后不久,汉武帝便把力主民本的儒家"定于一尊"。民本思想在施政政策上得以实现,并出现了历史上著名的"文景之治"。隋王朝是一个强大的王朝,它不仅结束了近300年的分裂局面,而且较快地促进了经济的发展。但是,隋炀帝却滥用权力,征伐不止,严重违背了民意,结果不出十年民变四起,初建的强国转瞬覆灭,这一点,强烈地震撼了唐初的统治者。唐太宗李世民认真地总结和吸取了隋朝覆亡的历史教训,经常"以隋为戒"。鉴于隋亡的教训,李世民拒绝了封德彝等人"任法律,杂霸道"的主张,采纳了魏征等人"王道仁政,安人理国"的治国方略,使权力的运行尽可能地不违背代表天道的民意,从而创造了举世无双的"贞观之治"。

可见,天意转化为民意在一定程度上使天道在人间找到了一个现实的落脚点,使君主权力受到制约和监督具有了一定的可操作性。

二、民本思想在某种程度上具有一定的契约性

我们知道,彻底的契约精神乃是市场经济的产物。如果用现代人的眼光审视古代的制度与文化,无论在中国还是在西方,都不可能找寻到现代意义的契约精神。无论是在古希腊还是在古罗马的法律文化中,所谓的契约精神在根本特征的相似性这一点上,有着程度不同的契约性。尽管古代中国没出现像西方历史上曾经颇为繁荣的商品经济社会,但是就精神内涵而言,中国古代法律文化当中的民本思想里确实有着某种程度的契约性。它在中国古代历史中对于制约君主权力也确实发挥过应有的作用,以至于有人将其称为"中国的民约"。

首先,民本思想隐含着"民众是天下主人"和"君主权力来自民众的授予"的意义。

---

① 朱熹:《朱子大全》,中华书局,1949,第294页。

在远古时代的中国，人们普遍认为"天命神授""国之存亡，天也"等，认定国家的兴衰存亡由天决定。但进入春秋时代后，在剧烈的社会变革中，民的力量得到充分显示。没有民的参与，推翻一个旧政权和建立一个新政权都是不可能的。基于这样的现实，思想家们及个别开明的统治者主张将施政的中心放在民上。于是乎"天道远，人道迩"①、重人事（即重民）的认识逐步形成，民的地位空前提高，"国将兴，听于民"②"失天下也，失其民也"③渐成思想主流。民意即天意，"天视自我民视，天听自我民听"④、"民之所欲，天必从之"⑤都成为当时人们的共识。

在上述历史背景之下，"立君为民说"逐渐取代原来的"生民为君说"成为社会的主导思想。《吕氏春秋·贵公》："天下非一人之天下也，天下之天下也。"《墨子》中关于天子、三公、诸侯皆由民选的论述，如"立天子以为天下，非立天下以为天子也"⑥，"天之立君，以为民也"⑦，师尚父"天下者，非一家之有也，有道者之有也"⑧等论述，无不隐含着"民众是天下主人"的意义。

民众是天下的主人，那么君主的权力从何而来？君主的使命又是什么呢？

《吕氏春秋·用众》说："凡君之所以立，出乎众也。"隋代王通认为："（天子）以天下之身，受天下之训。"⑨董仲舒说："天之生民，非为王也；而天立王，以为民也。"⑩《尚书》中的许多内容也反映出"民为国家之主体、君为国家之客体，盖国家之建立，由国民凝结而成。……不有民，何有君？是君为民立……"⑪的观点，诸如此类的论说都在向我们展示当时人们的一个重要思想：君主的权力来自民众的授予，民意作为天意的代表将权力委托给了君主。

既然如此，天下民众才是天下真正的主人。从此，"君以民存，亦以民亡"⑫"苟无民，何以有君？"⑬之类的议论累世不绝，成为古代民本思想的一大热门话题。如宋代的叶适曾说："为国之要，在于得民。"⑭明末清初，著名思想家黄宗羲更是明确

---

① 《左传·昭公十八年》。
② 《左传·庄公三十二年》。
③ 《孟子·离娄上》。
④ 《孟子·万章上》。
⑤ 《尚书·泰誓》。
⑥ 《慎子·威德》。
⑦ 《荀子·大略》。
⑧ 贾谊：《新书·修政语下》。
⑨ 《中说·问易》。
⑩ 《春秋繁露·尧舜不擅移汤武不专杀第二十五》。
⑪ 刘师培：《中国民约精义》卷一，第一编：上古。
⑫ 《礼记·缁衣》。
⑬ 《战国策·齐策》。
⑭ 《民事》。

地提出了"天下为主,君为客"①的思想,充分肯定民众的主体地位。顾炎武提出了"为民而立之君"的思想,认为应当实行"以天下之权,寄天下之人"②的制度。王夫之认为,"君以民为基……无民而君不立"③。唐甄认为人民是国家的根本,他指出:"封疆,民固之;府库,民充之;朝廷,民尊之;官职,民养之。奈何见政不见民也!"④主张把能否"救民""富民"作为考核官吏的标准,并倡导功利,体恤民生。清末梁启超则大声疾呼:"国家之主人为谁?即一国之民是也。"⑤

既然君主的由来是因民而立,君主的权力来自人民的授予,那么君主理所当然要"以民为本",只有"与民以福""与民以财"才能得到民众的拥护,而"与民为仇者,有迟有速,民必胜之"⑥。唐太宗李世民认为,"为君之道,必须先存百姓"⑦。要巩固自己的统治,必须重视百姓,使他们安居乐业,也曾经把民比作水而把君比作舟,指出"水可载舟亦可覆舟"。明清的思想家们在民本思想的阐述上走得更远。黄宗羲认为,如何对待民众关系到一个国家兴衰治乱的根本,即所谓"天下之治乱,不在一姓之兴亡,而在万民之忧乐"⑧。清末思想家王韬认为,民本的核心在于民心,只要得民心,就是国家遇到危难也不可怕。相反,如果失去民心,即使盛世也必衰亡。

其次,民本思想隐含着君民之间的契约关系:是否信守"民本"是中国古代评价一切王朝及其君主的最高法则。

民本思想的核心在于如何理解君民关系。如上所述,君主的权力从根本上来说是来自代表天意的天下百姓的授予。所以孟子说:"民为贵,社稷次之,君为轻。"⑨这里,"民为贵"和"君为轻"是价值观念,亦是政治观念,反映的是民与君的价值地位和政治地位之高低,表示君主之地位虽然崇高无比,但与天下百姓对照,其重要性与神圣性便相对地跌落到人民之下。荀子说:"天之生民,非为君也,天之立君,以为民也。"⑩天之立君既然为民,君之居位,必须得到人民之同意,那么君与民之间实际上存在一种双边"契约",也就是说双方各有其权利与义务。

君主的权力既然来自民众的授予,那么君主存在的价值和功能,就是为了百姓

---

① 《明夷待访录·原君》。
② 《亭林文集》卷七。
③ 《周易外传》。
④ 《潜书·明鉴》。
⑤ 梁启超:《中国积弱溯源论》,《饮冰室合集·文集》第2册,卷五,中华书局,1989,第13页。
⑥ 贾谊:《新书》,中华书局,1954。
⑦ 叶光大:《贞观政要全译》,贵州人民出版社,1995。
⑧ 黄宗羲:《明夷待访录》,《黄宗羲全集》,浙江古籍出版社,1985。
⑨ 《孟子·尽心下》。
⑩ 《荀子·大略》。

的生存。就如董仲舒所言:"天生民,……为之立君以善之,此天意也。"①历代儒家无不用此思想对君主的权力进行约束,事实上,"民本"正是中国古代知识分子献给君主的一个温柔的紧箍咒。为了得到与秦始皇下场不同的长治久安和人民内心的尊奉,君主必须自愿接受民本思想的约束,即以民本主义为政治的出发点和目的。所以,民本主义实际上是古代中国最为重要的社会契约,这个社会契约在客观上起到了对君主权力的制约作用。

在民本思想的主导之下,是否信守"以民为本"这一契约成为中国历代学者和普通民众评价一个王朝是否"合法"、一个君主是否"有为"的重要标准。如商代夏、周代商、汉代秦都是从民本思想的角度去论证它的合法性的。它也是评价皇帝好坏优劣的标准,在中国历史上讲唐太宗好,讲清圣祖玄烨好,讲的都是他们关注民生,在施政中推行以民为本的政策措施,且人民群众在他们统治时期生活得比较安定幸福。是否信守民本这一原则还是评价封建王朝好坏的标准。如西汉的"文景之治"和"昭宣中兴",东汉的"光武中兴"和"明章之治",唐代的"贞观之治"和"开元之治"及清代的"康乾盛世"等的出现,都是因为这些时期的君主在"以民为本"方面做得十分出色,人民群众得到实惠,整个社会安宁有序。反之,历史上秦始皇和隋炀帝暴政,都是因为这些时期的君主违背了民本的原则,行苛政,滥用权,人民生活无着。中国古代民本思想作为评判政治的价值标准是带有根本性和本质性的圭臬。它可以容忍其他方面的过失和缺陷,如孔子评价管仲。孔子针对子贡"管仲非仁者与?桓公杀公子纠,不能死,又相之"的观点说:"管仲相桓公,霸诸侯,一匡天下,民到于今受其赐。微管仲,吾其被发左衽矣。岂若匹夫匹妇之为谅也,自径于沟渎而莫之知也。"②

可见,在中国的传统文化中,民本思想历来是评价历代王朝和历史人物的最高法则,只要有利于民,其他缺点和错误都可以容忍。在这一点上,可以说民本思想堪称中国古代最为重要的社会契约,它是评价一个政权或者一个君主是否合法的最高准则。

再次,民本思想隐含着相关的惩罚机制:君主如果不履行君民之间的契约,就会因失信天下而被民众抛弃。

孟子在总结历史上兴盛衰亡的经验时曾说过:"桀纣之失天下也,失其民也;失其民者,失其心也。得天下有道,得其民,斯得天下矣;得其民有道,得其心,斯得民矣;得其心有道,所欲与之聚之,所恶勿施而也。"基于民本的思考,历代民本思想家

---

① 中华孔子学会:《春秋繁露·尧舜不擅移汤武不专杀第二十五》,载《中华文化经典基础教育诵本》(九),高等教育出版社,2000。

② 《论语·问宪》。

都不主张臣民对君主单方面的道德义务和绝对服从。孔子提出"君事臣以礼,臣事君以忠"①,还提出"以道事君,不可则止"②,如果君主不遵循儒家所提倡的道,那么臣可以离君而去。孟子还主张君主与臣民之间在人格上的对等。他说:"君之视臣如手足,则臣视君如腹心;君之视臣如犬马,则臣视君如国人;君之视臣如土芥,则臣视君如寇仇。"③

对于君主是否能够信守民本的契约,中国古代不仅依靠社会舆论的力量,还有具体的制度设计,用以监督君主的行为。比如"言谏"制度就是一种以民本为道义上的后盾,监督限制皇权,使君主信守契约、取信于民的形式。民本主义的政治实践,哺育了古代中国历代"直颜犯上"的清官,致使皇帝有时无法滥用权力、独断专行。西汉文帝时,张释之做廷尉期间发生过一则执法的故事。

> 顷之,上行出中渭桥,有一人从桥下走出,乘舆马惊。于是使骑捕,属之廷尉。释之治问。曰:"县人来,闻跸,匿桥下。久之,以为行已过,即出,见乘舆车骑,即走耳。"廷尉奏当,一人犯跸,当罚金。文帝怒曰:"此人亲惊吾马,吾马赖柔和,令他马,固不败伤我乎?而廷尉乃当罚金!"释之曰:"法者天子所与天下公共也。今法如此,而更重之,是法不信于民也。且方其时,上使立诛之则已。今既下廷尉,廷尉,天下之平也,一倾而天下用法皆为轻重,民安所措其手足?唯陛下察之。"良久,上曰:"廷尉当是也。"④

大意为:一日,文帝御驾过桥,有一个老百姓从桥下走出,弄惊了御驾马,文帝差点儿摔下来。那个老百姓被抓后交廷尉治罪,张释之依律断罪为"犯跸",应当处罚金。文帝大怒,嫌其处罚过轻。张释之回答说:"法律是皇帝和天下人共有的,不应有所偏私。如今法律规定的,假设擅自更改加重刑罚,百姓便不会相信法律了。而且在当时,皇帝要严办他,派人杀掉他这事就也结束了。如今既然已交给了廷尉,廷尉是天下公平执法的模范,一有偏差,天下执法的人都会随意加重或减轻刑罚,叫老百姓如何是好?"文帝听后,不得不说张释之是对的。⑤

张释之认为,法律乃是君主与天下民众应当共同遵守的契约,君主不能以个人的好恶破法,那样就会导致"法不信于民"的结果,最终危及王朝统治的合法性。明清之前的历代王朝都设有专门的谏官,其任务是对君主和上司提出劝谏性意见。

---

① 《论语·八佾》。
② 《论语·先进》。
③ 《孟子·离娄下》。
④ 《汉书·张释之传》。
⑤ 《史记·张释之列传》。

规谏他们以国家民族和统治阶级的根本利益为重,不以个人意愿任意而为,破坏自己与天下百姓的"约法"。历朝都有一些刚正不阿的大臣,秉承"为民请命"的理念,敢于冒死"面折廷争",这在一定程度上制约了君主的权力。

更为重要的是,如果"君有大过"且不听劝谏,民众就有将其"易位"的权力。①"天之爱民甚矣,岂使一人肆于民上,以从其淫?"②民可以抛弃帝王,可以推翻困民之暴君。将不信守民本契约的君主废黜被视为诛一独夫,是完全合法的,所谓:"闻诛一夫纣矣,未闻弑君也。"③

第三节 民本思想制约君主权力的表现

民本思想一是来自超验的理念——民意代表着天意;二是来自历史实践的总结——民众的力量决定着王朝的兴亡。而这两个方面都对君主的权力形成了制约,因为畏惧"天道""天之罚",君主不得不施行"仁政";因为畏惧民众能够将其"易位",君主亦不得不收敛锋芒、慎用手中的权力。

一、民本思想对于君主有着强烈的自警作用

民本思想对统治者的内在道德修养提出了具体的设计,以作为民本的实践途径。统治者要为政以德,要求人君加强自身道德修养。君主唯有敬德修德,才能垂范子民,教导民众。诚如《尚书·召诰》所说:"其惟王位在德元。"只有以民为本,施行仁政,抑制权力的滥用,君主才能安于统治地位,若滥用手中权力,引起"天怒",就难免遭受上天的无情惩罚。

统治者为了自身的利益,不能不约束自己手里的权力,施行仁政,以换取民心。因为民意就代表着天意,赢得民心也就意味着讨得了上天的欢心。所以,君主只要做到了"爱民",便可以无敌天下。孟子曾说过"昔者文王之治岐也耕者九一,仕者世禄,关市讥而不征,泽梁无禁,罪人不孥。老而无妻曰鳏,老而无夫曰寡,老而无子曰独幼而无父曰孤。此四者,天下之穷民而无告者。文王发政施仁,必先斯四

---

① 《孟子·万章下》。
② 《左传·襄公十四年》。
③ 《孟子·梁惠王下》。

者"①。

孔子为统治者立下一个"仁"的标准,就是要求统治者立足于"富民""教民",取信于民,尊重民意,施行德政,祛除苛政。孟子民本思想的一个重要方面,是大力推行孔子的仁政思想。孟子一生奔走游说诸侯,希望诸侯实行仁政,救民于水火之中。孟子所说的"仁政"与"仁义",其最为核心的是"爱民"。

《尚书》中还塑造了几位能够自觉施行"仁政"、与天和民的意志保持一致的"圣王"形象,就是尧、舜、禹、汤、文、武和周公等,以供后世君主效法。所谓"圣王"就是集道德与权力于一身的人物,后来的儒家称此为"内圣外王"。因为君主具有至高无上的权力,同时又是人民道德上的楷模,所以有了仁慈的君主就可以"君仁莫不仁,君义莫不义,君正莫不正,一正君而国定矣"。

民本思想家不主张臣对君主的单方面的道德义务和绝对服从。孔子提出"君事臣以礼,臣事君以忠"②,还提出"以道事君,不可则止"③,如果君主不遵循天道,违背民意,那么臣可以离君而去。所以,在中国历史上,不畏皇权、勇于护法执法的官员屡见不鲜,而他们之所以敢于犯颜直谏,很大程度上是因为他们相信君主也和他们一样,是明白民心向背对于国家社稷所具有的关键作用。在《晏子春秋》中,有一篇名为《景公欲杀犯所爱之槐者》的文章:

> 景公有所爱槐,令使谨守之,植木县令曰:"犯槐者刑,伤槐者死。"有不闻令,醉而犯之者,公闻之,曰:"是先犯我令。"使吏拘之,且加罪焉。其子往晏子之家。晏子闻之,令内之。进而问焉,对曰:"君树槐县令,妾父不仁,醉而犯之,吏将加罪焉。妾闻之,明君莅国立政,不损禄,不益刑,又不以私恚害公法,不为禽兽伤人民,不为草木伤禽兽,不为野草伤禾苗。吾君欲以树木之故,杀妾父,孤妾身。此令可行于民而法于国乎?妾闻之,勇士不以众强凌孤独,明惠之君不拂是以行其所欲。今君出令于民,苟可法于国而益善于后世,妾恐其伤察吏之法,而害明君之义也。愿相国察妾言,以裁犯禁者。"晏子曰:"甚矣!吾为子言之于君。"使人送之归。明日,早朝,而复于公曰:"婴闻之,穷民财力,以供嗜欲,谓之暴;崇玩好,威严拟乎君,谓之逆;刑杀不称,谓之贼。此三者,守国之大殃也。今君穷民财力,以美饮食之具,繁钟鼓之乐,极宫室之观,行暴之大者;崇玩好,县爱槐之令,载过者驰钟,行过者驰,步过者趋,威严拟乎君,逆民之明者;犯槐者刑,伤槐者死,刑杀不称,贼民之深者。君享国,德行未见于众,而三

---

① 《孟子·梁惠王下》。
② 《论语·八佾》。
③ 《论语·先进》。

辟著于国,婴恐其不可以莅国子民也。"公曰:"微大夫教寡人,几有大罪,以累社稷。"公罢守槐之役,拔置县之木,废伤槐之法,出犯槐之囚。

大意是说齐景公十分钟爱一棵槐树,派专人守护,某日,有人因醉酒伤害了这棵槐树,就被景公关进了监狱。景公之女于是请晏子去劝说景公,其理由就是她认为父亲作为一国之君"爱树而残人",将会失去民心,危及社稷。而敢于犯颜直谏的晏子也正是用诸如"穷民财力""逆民之明""贱民之深"等言辞指责国君,并使得国君迅速改正了自己的错误决定,以求"德行见于众"。

宋明时期的民本思想家主要是以道德说教劝说皇帝"正心诚意"①,强调治理天下的根本是君主之心。只要"人主之心一正,则天下之事无有不正"②,"天下之治乱,系乎人君仁不仁耳"③。当时的思想家认为他们在政治上的第一要事是"格君心之非",他们应提高自身道德修养,广施"仁政",慎用皇权。如程颐说:"格其非心,使无不正,非大人其孰能之!"④朱熹说:"今日之事第一且劝人主收拾身心,保惜精神,常以天下事为念,然后可以讲磨治道。"⑤朱熹几次觐见皇帝都劝说皇帝"正心诚意"。

但是,将有效制约权力的希望完全寄托于君王自身,至少需要这样一个前提:君王应该有"并吞天下"的宏图大略,或是国泰民安的理想抱负。否则,民本、仁政可能都无法在现实的政治实践当中兑现。既然作为最高统治者的君主的道德水平和理想抱负并没有达到理想中的水平,那么,希望通过君主的自觉来达到有效的权力制约在现实中是存在很大困难的。

正是基于此种认识,以贾谊和董仲舒为代表的两汉民本思想家,在继承先秦民本学说的同时,又为限制君主权力设计了一个包括君主在内,所有人都必须遵守的最高原则,即以社会稳定、长治久安为目标,具有普遍约束力和绝对权威性的行为准则。可以说,汉代民本思想的显著特点,就是通过构建最高原则来实现对君权的限制。此种特点,在贾谊与董仲舒的思想中表现得最为明显。

贾谊从历史的实际出发,总结秦亡的经验和教训,提出:"是以君子为国,观之上古,验之当世,参之人事,察盛衰之理,审权势之宜,去就有序,变化因时,故旷日长久而社稷安矣。"⑥在这里,贾谊强调的实际上是"察盛衰之理"的重要性,认为只有以此为前提,审时度势,进行政治实践,才能长治久安。这就将盛衰之理抽象升

---

① 《宋明学案》卷四八。
② 《朱文公文集·己酉拟上封事》。
③ 《二程外书》卷六。
④ 同上。
⑤ 《朱文公文集·与赵尚书》。
⑥ 《新书·过秦下》。

华为一种治国必须遵守的客观规律,从而对人君的行为加以限制。那么,这种所谓的"盛衰之理"的实际内容是什么呢?贾谊通过对秦的批判对此作出了回答。在贾谊看来,秦灭亡的最主要的原因就是"仁义不施,而攻守之势异也"①,所以仁义就是国家盛衰的决定因素,就是"盛衰之理"的实际内容,也就是人君必须遵守的最高原则。通过对盛衰之理的强调,以及其内容的界定,贾谊为其限制君主行为的思想找到了理论上的根据。可以看出,贾谊民本思想的理论依据,即将以历史经验与现实功利为基础的"盛衰之理"作为最高的原则而加以强调。

尽管贾谊力图将这种最高原则普遍化和绝对化,但事实上,这种以历史经验与现实功利为基础的规律能否具有绝对的约束力,还取决于君主的性格。也就是说,要使这种规律具有约束力,还需要两个预设的理论前提,即君主既要具有以"保社稷"为己任的自觉,又要具有信任以往历史经验的态度。而一旦君主无法满足这两个条件,所谓的最高原则就只能是一纸空谈。所以,贾谊并没有真正完成为限制人君提供理论依据的工作。

在理论上真正完成限制君权工作的是董仲舒。和贾谊不同,董仲舒并不是单纯从历史经验出发,而是吸收了先秦的阴阳五行以及黄老道家的思想,在形上的层面为其民本思想建立了理论依据,这就是他所创立的天的哲学。董仲舒首先确立了"天"至高无上的地位。他指出,"天者百神之大君也"②,"天者万物之祖,万物非天不生"③。而作为最高统治者的人君的权力来源,最终也要归之于天,"人之得天得众者,莫如受命之天子"④,所以人君就必须向天负责,遵照天的意志而行,"受命之君,天意之所予也;故号为天子者,宜视天如父,事天以孝道也"⑤。通过对天与君关系的界定,董仲舒将"天"作为最高原则而树立起来。董仲舒提出"天人感应"论,试图用天威约束君主。在此基础上,董仲舒继续对天的特点进行阐述。他将天最主要的特点界定为"仁","仁,天心;故次以天心"⑥,提醒统治者,上天是仁德的象征,时时关心着民众的安乐。所以君主代天行事就要遵循天的法则,把上天的仁德之意传递给普天之下的臣民。

在论述了天的特点之后,董仲舒又阐述了对天、对人君进行限制的具体途径,也就是他的"灾异谴告说"。在董仲舒看来,天将权力赋予人君,同时也对人君行使权力的过程进行监督。他说:"国家将有失道之败,而天乃先出灾害以谴告之,不知

---

① 《新书·过秦上》。
② 《春秋繁露·郊祭》。
③ 《春秋繁露·顺命》。
④ 《春秋繁露·奉本》。
⑤ 《春秋繁露·深察名号》。
⑥ 《春秋繁露·俞序》。

自省,又出怪异以警惧之,尚不知变,而伤败乃至。"①在这里,天就具有了监督和限制人君权力的实际能力。如果君主滥用权力,逆天道而行,上天就会降灾异以示警告和实施惩罚。所以,人君就时刻受到天的监督和限制,在现实中就必须按照天的意愿行使自己的权力。正是通过对天的地位、特点和能力的界定,董仲舒为自己的理论找到了可以作为依据的最高原则。即上天经常通过自然界的灾异变化来对统治者进行谴责,以示警告,使其改正错误,符合天意。天谴说把本不相干的自然灾变与社会人事混为一谈,力图借助天威,在至高无上的君权中注入监督机制,使君主在政治生活中不至于一意孤行、为所欲为,虽不是一种科学的理论,但在当时君权至上的时代,以天灾来警告统治者的失职行为,在君权之上树立起天的权威,至少是对封建君主的一种约束。这在当时来说有一定的积极意义。

在董仲舒的理论中,对天的地位的肯定和他对民的关注在某种程度上讲是统一的。他所建立的天明显地带有关注生民的特点,他对天的地位的肯定,并不是以天本身为最终目的,而是为了确立"仁"和"德"至高无上的地位,以达到对君主权力有效制约的目的。所以说,董仲舒天的哲学是以对民的关注为基础,对以往民本思想的一种发展。"民意"与"天意"的糅合乃是董仲舒民本思想最为高明和巧妙之处!

从以上论述可以看出,两汉思想家在继承和吸收以往民本思想的基础上,以对"民"生存的关注和对"君"权力的限制为核心,构建了一整套系统的理论,完成了对以往民本思想的吸收和整合。这一套成熟而系统的民本理论已经可以有效地发挥对君主权力的警醒作用,随着以董仲舒的思想为主要代表的儒家思想被定为一尊,这一理论对其后中国历代王朝都产生了极其深远的影响。

二、民本思想对于君主权力有着刚性的制约作用

民本思想认为天下乃天下人之天下,"天聪明自我民聪明,天明畏自我民明畏"②,民意就是天意,民意代表着天道,"民之所欲,天必从之"③。设立君主的目的是为民服务。如果君主违背了天的道德意志,肆虐于人民,那么天将"惟德是辅","改厥元子",选择另外一个诸侯,讨伐暴君,取代他为王就是天经地义的事情了。所以,早在春秋时期,人们的常识中就已经有了革暴君之命的内容。晋国师旷曾说:"良君将赏善而刑淫,养民如子盖之如天,容之如地。民奉其君,爱之如父母,仰

---

① 《汉书·董仲舒传》。
② 《尚书·皋陶谟》。
③ 《尚书·泰誓》。

之如日月,敬之如神明,畏之如雷霆,其可出乎? 夫君,神之主而民之望也。若困民之主,匮神乏祀,百姓绝望,社稷无主,将安用之? 弗去何为? ……天之爱民甚矣,岂其使一人肆于民上,以从其淫,而弃天地之性? 必不然矣。"①孟子也曾针对齐宣王视汤放桀武王伐纣为弑君的观点,提出了"暴君放伐"论,他说:"贼仁者谓之贼,贼义者谓之残,残贼之人,谓之一夫。闻诛一夫纣矣,未闻弑君也。"②在这里孟子认为国君如果"暴其民",就必然导致"身弑国亡"的下场,而人臣杀死夏桀、商纣那样的暴君,也不是"弑君",而是合理的行为,从而肯定了历史上商汤、周武王革桀和纣之命的合理性。

西汉的大儒董仲舒对于革命论的一段论述更具有代表性,他说:

> 天之生民,非为王也;而天立王,以为民也。故其德足以安乐民者,天予之,其恶足以贼害民者,天夺之。诗云:"殷士肤敏,祼将于京,侯服于周,天命靡常。"言天之无常予,无常夺也。故封泰山之上,禅梁父之下,易姓而王,德如尧舜者,七十二人,王者,天之所予也,其所伐,皆天之所夺也,今唯以汤武之伐桀纣为不义,则七十二王亦有伐也,推足下之说,将以七十二王为皆不义也。故夏无道而殷伐之,殷无道而周伐之,周无道而秦伐之,秦无道而汉伐之,有道伐无道,此天理也,所从来久矣,宁能至汤武而然耶! 夫非汤武之伐桀纣者,亦将非秦之伐周,汉之伐秦,非徒不知天理,又不明人礼,礼,子为父隐恶,今使伐人者,而信不义,当为国讳之,岂宜如诽谤者,此所谓一言而再过者也。君也者,掌令者也,令行而禁止也,今桀纣令天下而不行,禁天下而不止,安在其能臣天下也! 果不能臣天下,何谓汤武弑?③

"暴君放伐"论(革命论)是民本思想对君主权力刚性制约功能的重要体现,民本思想中的这些革命论往往成为社会变革和王朝更迭时期起义农民或反叛士大夫的思想武器,为推翻暴君专制统治提供了理论武器。正如西方学者日内尔在《中国文化史》中写道:"如果某人认为儒家仅仅是为政府服务的官方意识形态,那就错了。它恰巧经常是官方对立面手中的一个武器。"④这个武器就是民本思想。

民本思想中这种革命论思想或多或少地对中国古代封建统治者的政治行为起到了刚性的制约作用。秦汉以后,两千多年封建社会都没有把民本思想排除在官方意识之外。不仅一些思想家、政论家经常宣扬民本思想,不少皇帝也公开承认

---

① 《左传·襄公十四年》。
② 《孟子·梁惠王下》。
③ 《春秋繁露·尧舜不擅移汤武不专杀第二十五》。
④ 俞荣根:《道统与法统》,法律出版社,1999,第 358 页。

"民惟邦本,本固邦宁"的理念。这是因为,稍微明智一些的封建统治者都深知人民在国家经济生活和政治生活中有着重要的地位和作用,因而都要把自己打扮成民众的保护者。因为他们深知,如果滥用手中的权力、公开否定民本思想,就等于自绝于天下百姓,毁坏统治的合法地位,一旦民众奋起反抗,任何煊赫的王朝都可能顷刻瓦解。中国历史上的王朝更替有一个明显不同于西方,尤其是欧洲历史上王朝更替的有趣现象:我们知道,西方尤其是欧洲的封建时代,无论是贵族还是一般民众,都极为看重统治者的血统。而纵览中国历代王朝的兴衰更替,鲜有因为统治者的血统(即身份的合法性)而引发的,大多数情况下,都是由统治者横征暴敛、滥杀无辜等严重悖逆"民本"思想的统治手段引起的,足见民本思想对于中国古代影响之深。这一点,唐太宗体会最为深刻。他曾经对大臣说:"为君之道,必须先存百姓,若损百姓以奉其身,犹割股以啖腹,腹饱而身毙。"又说:"可爱非君,可畏非民。天子者,有道则人推而为主,无道则人弃而不用,诚可畏也。"①明成祖朱棣曾表示,"朕惟事无以诚敬为本,爱民以实惠为先。……然天之视听皆因于民,能爱人即所以使天"②,"民者,国之根本也。根本欲其安固,不可使之凋敝"③。清康熙帝也说"自古国家久安长治之模,莫不以足民为首务"④,"致治之道,无如爱民生民本命"⑤。

封建统治者把民众视为邦国之本,把自己和民众的关系比喻为舟和水的关系,希望民众能够安居乐业,统治阶级和被统治阶级之间能够和睦相处,这并不是一种虚伪的道德说教,而是民本思想,尤其是其中的"暴君放伐"论刚性制约力在国家政治实践中发挥作用的重要体现。

第四节 民本思想在权利保护方面的体现

中国传统文化中尽管在表达上没有明文宣示"权利",但是并不乏权利的思想观念,比如对于生命权的尊重、对人身自由权的保护、对财产权的详细规定等。这些都是我们在现代法律制度建设当中可资利用的本土资源。

与西方视传统文化为动力相反,我们部分学者把历史与传统当成了"包袱"。对传统文化的过度批判,一方面促进了中国法律的近代化进程,另一方面也造成了

---

① 《贞观政要·君道政体》。
② 《明太宗实录》卷二七。
③ 《明太宗实录》卷八八。
④ 《圣祖仁皇帝圣训·恤民一》。
⑤ 《圣祖仁皇帝圣训·圣德二》。

人们对于中国传统文化的许多误解。尤其是在"权利"研究的领域,更是存在着一种较为普遍的认识:中国传统文化当中不存在权利的因素,找不到权利的因子。

传统中国法律尽管在表达上没有明文宣示"权利",中国古代法律语言里甚至没有像英文"权利"那样的词汇,但是中国传统文化当中并不乏权利的思想观念,甚至在实践中也不乏保障"权利"的做法。[①] 生命、财产和自由是当今世界法律文化普遍承认的人所应享有的三大自然权利。这种学说首先来自启蒙时期的思想家洛克的论述,并在1776年的美国《独立宣言》、1789年法国《人权宣言》中得到法律的确认。如果我们客观地去研究探索就不难发现,中国传统文化当中并不乏上述三个方面的权利资源。

一、中国传统文化对生命权的尊重

(一)中国传统文化中尊重生命权的理论学说

中国传统文化历来重视人的生命。中国古人相信"天人合一"学说,认为天道通于人道。"天人之间有某种密切交流,它们互相作用和影响……王者当则天之道,因时为法,否则一定会有灾难降临。"[②]如果人间的刑杀和冤狱过多,上天就会以大旱、地震等自然灾害予以惩罚。为了维护天道的正常秩序,不引起上天的惩罚,自然应当尽力防止冤案和减少刑杀。

自西汉武帝"独尊儒术"以来,儒家学说便成为中国封建社会两千多年的主流思想。儒家思想以"仁"为基本核心,认为"仁者爱人",主张为政以仁,要求统治者爱民、重视人的生命。孔子的学说极大地影响了后世帝王和官僚。在统治者价值评价体系中,"爱民如子"或施行"仁政"是其终极目标之一,至少也以博得如此名声为荣。历代的史书中,有所谓"酷吏"一词,就表明了对草菅人命者的鄙视和遗弃。

(二)中国古代尊重生命权的法律规定

中国传统法律历来重视人的生命权利,各朝律典当中都有大量对生命权保护的条文,即使奴婢的生命权也同样受到法律的保护。早在秦汉时期就规定,主人如果任意杀害奴婢,会受到法律惩罚。而东汉光武帝则严令"杀奴婢不得减罪""炙灼奴婢论如律"等,在法律上确认了奴婢的生命权。对于生命权的尊重还体现在历代有关死刑复核程序的严格规定上。在"明德慎罚"的思想指导下,从商朝开始,疑

[①] 黄宗智:《民事审判与民间调解:清代的表达与实践》,中国社会科学出版社,1998,第134页。
[②] 梁治平:《寻求自然秩序中的和谐》,中国政法大学出版社,2002,第359页。

案、重案的复审和复核就有了程序和制度上的规定。《礼记·王制》中记载了商朝的三级三审制度,对个别特殊案件,商朝还会召集官民共议。西周的司法实践中,有三刺和乞鞫等制度。三刺即"讯群臣""讯群吏"和"讯万民",乞鞫即不服判决而上诉,死刑案自在其中之列。以后历代均重视死刑的复核,至唐朝太宗时已经形成相对完备的制度。《贞观政要·刑法》载,唐太宗要求,"大辟罪皆令中书、门下四品以上及尚书九卿议之"。他还规定了严格的"三复奏"和"五复奏"制度。三复奏即死刑执行前必须三次上奏皇帝方可执行,意在防止错杀,后又改为五复奏。这充分表明了随着社会的发展、文明的进步,统治者对人命的重视程度不断增加。宋初又在唐朝规定的基础上增加了一道复核程序,即所有地方大辟以上案须先送刑部复核。明朝中后期,厂卫擅权司法,造成不少冤狱,但死刑复核制度却更加完善,出现了每年一度的"朝审",即对在京的死刑案,在正常的大理寺复核之后,每年的秋冬季以三法司、九卿、大学士等高级官员组成审判庭,再次进行审录,并奏报皇帝。对不在京的死刑案,也由皇帝派官审录后回奏,并经皇帝批准后执行。清朝全面继承并发展了明朝的死刑复核制度。地方的死刑案须经按察司和督抚两级复审之后,再报大理寺和皇帝。除承明制对在京死刑案举行朝审之外,清朝又设立了秋审制度,负责对全国各地死刑案的最终裁决。

二、中国传统文化中有关财产权的观念与制度

(一)古代中国的财产所有权观念

"当孩子懂得了圣诞礼物不是给发现者而是属于名字被写在包裹外面的孩子时,当原始部落有了死者的东西不是给先取者而是属于他的儿子或他姊妹的儿子的规则时,我们知道他们至少有了所有权观念的萌芽。"①既然如此,古代中国不可能不出现与财产所有权相关的观念。

实际上,财产归属(所有权)的观念在春秋诸子的言论中时有出现。如《孟子·梁惠王上》载:"……若民,则无恒产,因无恒心。苟无恒心,放辟邪侈,无不为己。"《慎子·威德》中有"定赏分财必由法",并提出规范物之归属是社会客观要求的思想。慎子还形象地举例说:"一兔走街,百人追之,分未定也;积兔满市,过而不顾,非不欲兔,分定不可争也。"

秦商鞅也有同样的思想与类似的表达。《商君书》上有这样的记载:"一兔走,百人逐之,非以兔可分以为百也,由名分之未定也。夫卖兔者满市,而盗不敢取,由

---

① M Honore:*Ownership* (Oxford). Clarendon Press,1961,pp.114-115.

名分已定也。故名分未定，尧、舜、禹、汤且皆如鹜焉而逐之；名分已定，贪盗不取。……名分定，则大诈贞信，民皆愿悫，而自治也。姑夫名分定，势治之道也；名分不定，势乱之道也。"

（二）古代中国的财产法律制度

美国汉学家金勇义对中国传统文化有精深的研究，所著《中国与西方的法律观念》中有一个观点："中国传统的法律制度，除去命令和禁律外，也包含有许多明确的和不那么明确的旨在确定诸如财产权等的法律条文。"①传统中国属于农业社会，土地是财产的基础，这里以土地产权为例开始分析。春秋时期鲁国推行"初税亩"的财税政策，可以说是我国土地私有制度史上的一个著名事件。正是由于确定了土地的私有产权，故而国家的财税制度也跟着发生了变化。特别是商鞅实施"废井田，开阡陌"的土地私有化政策，此乃"富国强兵"和"奖励耕战"的基础。其后，随着秦皇嬴政统一六国，颁布"使黔首自实田"的法律，即国家命令"黔首"申报土地，实行土地登记制度，一来确认土地产权，二来承担赋税义务，至此，完成了全国性的土地私有化运动，涉及境内所有臣民。因此，土地私有产权也是当时社会各个阶层的共识。自此以后，中华帝制时期的土地制度基本上都是这一模式。

历朝历代有关财产契约的法律制度，也是古代中国有着发达财产法律制度的具体表现。《诗经》中有"氓之蚩蚩，抱布贸丝"，《周礼》中有"听称责以傅别""听取予以书契""听买卖以质剂"。这里的"傅别"指的是信贷契约，"书契"指的是赠予或转让契约，"质剂"指的是买卖契约。历朝历代有关通过各种文契进行交易和设定实在财产权属的制度，则是古代中国契约制度存在的体现。②

史实告诉我们，古代中国同西方社会一样有着发达的财产法律制度。尽管它没有同罗马法一样发达的私法体系，对本属私法的保护也多在刑律中体现，但不能据此否认古代中国有财产权存在之事实。

三、中国传统文化中保护人身自由权的因素

根据现代法学理论，在人身自由权的保护方面，"无罪推定"和"罪刑法定"是两个重要的体现，因为，从这两项原则中可以推导出其他一系列有利于保障人身自由的原则或规则。那么，在中国传统文化当中，是否有这两项原则的体现呢？

---

① 金勇义：《中国与西方的法律观念》，辽宁人民出版社，1989，第108页。
② 彭诚信：《主体性与私权制度研究》，中国人民大学出版社，2005，第112页。

(一) 中国传统文化中的"无罪推定"原则

实际上,无罪推定原则在中国上古时期的文献中就可见其端倪。《尚书》中就已经有"罪疑惟轻""与其杀不辜,宁失不经"的说法。中国古代无罪推定思想强调对于疑罪疑狱应从有利于被告方的角度出发进行判断,罪疑从轻从赦。从轻是指在罪轻罪重难断时只作罪轻假定;从赦是指在有罪无罪难断时只作无辜假定。"宁失不经",绝不杀无辜的思想体现出重视人的生命的精神。中国古代不仅有罪疑从赦的有利于保障人权的无罪假定思想,还有死罪疑狱公决的民主参与司法审判的思想,如"民言杀,杀之;民言宽,宽之"①。以哀敬折狱、明德慎罚的态度对待疑罪疑狱,与《孟子》中"杀一无罪非仁也"的民本主义的仁道思想是一致的。

(二) 中国传统文化中的"罪刑法定"原则

罪刑法定原则包含两个基本方面:一是法无明文规定不为罪,二是法无明文规定不处罚。罪刑法定思想的前提是立善法,对罪与罚的设定权进行严格的限制。古人为限制立法权所提出的许多标准都体现出这一思想。管子提出,衡量法律善与不善的标准是"民心","俗之所欲,因而予之;俗之所否,因而去之"②。老子提出以自然法作为善法的标准,所谓"天道无亲,常与善人"。老子反对以刑杀威胁民众,"民不畏死,奈何以死惧之"。孔子反对"折民惟刑"的重刑主义,认为推行仁政德治"焉用杀",主张善人为邦。

对于严格依照法律对犯罪进行处罚的,历代也不乏论说。墨子曾说:"赏必当贤,罚必当暴","赏当贤,罚当暴,不杀不辜,不失有罪"。荀子提出坚持罪刑依律的理由在于法明有常。韩非子提出"不急法之外,不缓法之内","以法行刑,唯法为治","死生随法度"。贾谊认为礼与法的区别就在于防未然与惩已然。刘颂提倡"令主者守文",即法官须依法之明文规定定罪量刑。唐初李世民曾提出"守文定罪","一断于法"。魏征也是罪刑法定原则的倡导者,他反对枉法滥刑,而主张求之法内,不求之法外,依法科罪量刑。清末沈家本认为立法应坚持一条"大原则",即一切犯罪须有正条乃成立,否则勿论。可见,"罪刑法定"的思想在中国古代一直是伴随中国传统法律的产生和发展而存在和发展的。

在人类发展史上,不同的地理、经济、政治、社会环境,造就了不同的文化类型,也使法产生的路径、偏重的内容、表述方式以及术语等不尽相同,因此,就会出现同一现象在不同地区和国家的法文化中有着不同的表现形式和不同的表述方式。如

---

① 李觏:《李觏集》,中华书局,1981,第97页。
② 《史记·管晏列传》。

果我们仅仅站在西方的立场上，以西方法律文化模式为标准去评判中国传统文化的优劣，用他人的话语去说我们自家的历史，无疑会产生这样或那样的偏差和失误。如果我们摘下"西方中心论"的有色眼镜，从中国自身的历史出发，从中国社会的实际情况出发，就不难从中国传统文化中发现更多的有利于现代制度建设的本土资源。

第五节　中国传统文化中朴素的人权思想

人权概念最早出自西方国家，是由西方特有的制度和文化形成的。鉴于东西方传统文化不同的价值选择和要求，如果简单僵化地用西方的人权标准来对比、评价中国的人权，难免得出中国传统文化价值取向与人权要求不相容的结论。但是，如果我们从人权的普遍道德出发，立足于中国丰富而悠久的传统文化，在比较中探寻中国传统文化中的人权要素，就不难发现：尽管中国古代没有明确的人权概念，但这并不等于中国古代没有人权观念或人权意识，尤其是人权概念当中所包含的人道精神在中国古代社会里不仅存在而且相当丰富。这里仅以汉代有关罪犯处理的一个重要规定——"悯囚制度"为例，对中国古代法律文化中的人权思想作一初步分析。

悯者，怜悯之义。汉统治者在"天下苦秦酷法久矣"的社会历史条件下，提出"宽缓刑狱"的主张。在这一狱政思想的支配下，汉代在监狱管理方面，建立了对狱囚实行宽宥、防止狱吏随意凌虐狱囚并保障其基本生活待遇的制度，这就是所谓的"悯囚制度"。这一制度对后世的罪犯管理和教化产生了深远的影响。两汉关于悯囚的法律规定主要表现在以下几个方面。

一、矜老怜幼，体恤弱势罪犯

汉代法律规定当中的矜老怜幼原则所体现的人权保障价值在今天看来仍具有现实意义。据《汉书》载，汉惠帝曾发出诏令："民年七十以上若不满十岁，有罪当刑者，皆完之。"即对十岁以下或七十岁以上的罪犯都不施肉刑，以使其保持身体发肤完整。此后汉宣帝也曾下诏："自今以来，诸年八十，非诬告杀伤人，它皆勿坐。"这是宽宥老年人刑事犯罪的又一规定，该规定将年满八十岁的老人处刑的范围限定在诬告、杀人、伤人三种罪行上，除此之外的其他犯罪行为一律免予处罚。尤其是汉朝的"颂系制度"更是体现了对于犯了罪的弱势群体成员的人道主义关怀。所谓颂系制度,就是矜恤老幼残疾人犯,不加戴桎梏的制度。据《后汉书·刑法志》记载,汉景帝后元元年(公元前143年)曾下诏:"高年老长,人所尊敬也;鳏寡不属逮者,人所怜也。其著令:'年八十以上,八岁以下,师、侏儒当鞠系者,颂系之'。"《汉书·宣帝纪》载,汉宣帝元康四年(公元前62年)也下诏令:"朕念夫耆老之人,发齿堕落,血气即衰,亦无暴逆之心,今或罹于文法,执于囹圄,不得终其年命,朕甚怜之。自今以来,诸年八十非诬告杀伤人,它皆勿坐。"可见颂系诏令所宽容的对象,都是一些幼弱、耄耋、盲人乐师和侏儒等老弱残疾罪犯。

汉代法律规定矜老怜幼原则的原因是多方面的,最直接的原因是老人、小孩的社会危害性相对较小,虽然当时的立法者是站在国家治理的角度来确立矜老怜幼原则,但我们也不应该否定这一制度本身所体现的朴素的人道主义精神。矜老怜幼原则的法律规定,使得老年人和小孩可以从制度上避免一些严酷的刑罚,在处刑过程中享受到一定的人道待遇。国家法律规定不对老年人处以死刑,他们就能免受绞、斩之苦,可以安享天年。这不仅是对人的生命权的保障,也是对人性、人格的尊重,体现了对人的一种终极关怀,这是人道主义精神的必然要求,也是矜老怜幼原则的现实价值所在与可待发展之处。① 对于幼弱、耄耋、盲人乐师和侏儒等老弱残疾罪犯给予免戴刑具的宽宥措施,更是体现了两汉时期相关法律对于弱势群体的人文主义关照。

二、对于女性罪犯的宽宥措施

两汉时期,在监狱管理方面,对女性罪犯在监禁上有特殊的宽宥措施。《汉书·平帝纪》载,汉平帝元始四年诏:"妇女非身犯法,及男子八十以上七岁以下非坐不道,诏所名捕,皆不得系。"对于犯了罪的孕妇,还规定了缓刑措施,景帝后元三年(公元前141年)下诏:"孕者未乳,当鞠系者,颂系。"规定女犯怀孕未产,准予免戴刑具,待孕妇产后才可以依法行刑。《后汉书·卷一·光武帝纪上》载,东汉光武帝也曾下过类似的诏书:"男子八十以上,十岁以下,及妇人从坐者,自非不道,诏所名捕,皆不得系。"

除了上述行刑上的特殊规定外,汉代还有专门针对女性的刑名,如"女徒顾山"。对于"女徒顾山",《汉书·卷十二》是这样解释的:"谓女徒论罪已定,并放归家,不亲役之,但令一月出钱三百,以顾人也。为此恩者,所以行太皇太后之德,施惠政于妇人。"大意是说女犯定罪判决后可以释放回家,但每月须出钱三百由官府雇人到山上砍伐木材,以此代替女犯应服的劳役刑。这是对于女性犯罪的一项变

---

① 陈佑武:《中国古代矜老原则与人权保障》,《人权》2005年第6期。

通性刑罚执行方式,是汉代统治者对女性的一项"惠政"。

三、保护家庭伦理的法律措施

(一)"亲亲相隐"制度

亲亲相隐是指亲属间相互隐瞒罪行可以不负刑事责任。亲亲相隐作为一种司法原则得到普遍采用始于汉宣帝时候,《汉书·宣帝纪》载,汉宣帝在地节四年(公元前66年)曾下诏申明:"父子之亲,夫妇之道,天性也。虽有患祸,犹蒙死而存之。诚爱结于心,仁厚之至也,岂能违之哉!自今子首匿父母,妻匿夫,孙匿大父母,皆勿坐。其父母匿子,夫匿妻,大父母匿孙,罪殊死,皆上请廷尉以闻。"其大意是说子女帮助父母、妻子帮助丈夫、孙子帮助祖父母掩盖犯罪事实的,一概不追究其刑事责任。父母帮助子女、丈夫帮助妻子、祖父母帮助孙子掩盖犯罪事实的,一般情况下可不负刑事责任,死刑案件则上请廷尉,由其决定是否追究首匿者罪责,这段话也可以简单地概括为"亲亲相隐不为罪"。这就是通常所说汉代亲亲相隐的司法原则。亲亲相隐的法律原则顺应了人的本能需求,在当时非常有利于家庭和谐与社会秩序的稳定。

(二)"听妻入狱"制度

听妻入狱,就是指死罪系囚娶妻无子,允许其妻入狱,其妻妊娠有子后,再对罪犯行刑的意思,这是儒家伦理道德观念在监狱管理制度上的反映,也是西汉重要的悯囚制度之一。《太平御览·卷六四三》载,东汉"鲍昱为沘阳长,县人赵坚杀人系狱,其母诣昱,自言年七十余,唯有一子,适新娶,今系狱当死,长无种类,泽泣求衷。昱怜其言,令将妻入狱廨止宿,遂妊身有子"。这种特殊的承嗣做法,可能是中国古代社会仅有的法律现象。

(三)"离监奔丧"制度

据《后汉书·钟离意传》载,东汉堂邑县人防广为父亲复仇杀人入狱,在狱中得知其母病死,防广哭泣不食,县令钟离意得知后深表同情,让防广回家殡敛其母。防广处理了母亲后事,按期返回狱中,后来钟离意将此事奏明光武帝,防广竟得减死罪。

四、禁止掠笞瘐死系囚的规定

中国古代有相关规定:禁止在监狱中对犯人笞掠过当或虐待,防止犯人因冻饿或笞掠过度而死亡。监狱官吏和狱卒如有违制要追究刑事责任。众所周知,在封建王朝的司法实践中刑讯是见怪不怪的现象,常常会从史料中发现因封建官吏故意和随意刑讯,导致狱囚大量伤残、死亡的记载。针对这一弊端,汉朝时候,对违反狱制凌辱、虐待囚犯,克扣囚衣、囚粮的监狱官吏予以严惩。《汉书·宣帝纪》载,汉宣帝时规定"今系者或以掠辜,若饥寒瘐死狱中,何用心逆人道也!朕甚痛之。其令郡国岁上系囚以掠笞若瘐死者所坐名、县、爵、里,丞相御史课殿最以闻"。从现存法律史料来看,汉朝时已经有官员因刑讯不当和管理不慎而被降职的记载。如东汉时的周纡在任司隶校尉期间,皇帝在亲自审理洛阳囚徒时发现有两个囚犯被刑讯后伤口生蛆,因此作为司隶校尉的周纡被降为左车骑都尉。[①] 罪犯作为一个特殊的弱势群体,其人身权利能够得到国家法律的保障,乃至受到皇帝的亲自关注,不能不说是汉代人权意识在罪犯管理方面的一个鲜明体现。

五、"纵囚归家"制度

纵囚归家是指汉朝监狱在某些特殊情况下(如寒暑之时、农忙季节),允许羁押罪犯暂时回家,按照约定期限返回监狱的规定。《后汉书·虞延传》载,东汉光武帝建武年初,一个名叫虞延的人,在任细阳县令时,每年至伏腊之时,就遣本县监狱所羁押的囚徒归家,囚徒"并感其恩,应期而还"。《后汉书·戴封传》载,东汉和帝永元年间,戴封升任中山相时,当时各县有罪囚四百余人,辞状已定,即将行刑。戴封有哀怜之意,皆允许回家一次,"与克期日,皆无违者"。

此外,汉还有赦、大赦、特赦等制度,如《汉书·灵帝纪》载,东汉灵帝熹平三年,二月己巳,曾大赦天下,令"天下系囚(在押囚犯)罪未决,入缣赎"。即对全国系囚中的未决犯一律改判为赎刑。汉以后,赦免制度被历代所继承。

有学者认为,在西学理论风靡世界的今天,西方法律中的很多优秀因素在中国传统法中都没有体现,一经对比,中国传统文化就显得"落后"了。然而这样的比较忽视了文化的差异性,也小看了中国传统文化中所蕴含的智慧和力量。因此,重新审视中国传统文化的价值,分析传统文化中所蕴含的人权要素,对于将现代世界人

---

① 胡兴东:《中国古代刑讯法律规制问题研究》,《云南大学学报》2008年第1期。

权观中具有普世意义又适合中国国情的要件,和中国传统政治法律文化中的人权资源相结合,进而推升出新的人权观,有着重要的启迪。① 汉朝悯囚制度的诸多规定中尽管找不到"人权"的字眼,但是其中所蕴含的人道主义精神和人权保障价值,时至今日依然具有十分重要的现实意义。

民本思想贯穿于中国传统文化的始终,从先秦至明清,历代法典以及法律学说无不浸淫着民本主义的精神。当然,中国古代的民本思想不可避免地带有阶级和时代的烙印,有一定的局限性:民本思想是一种伦理模式,而不是一个政体模式,它是"一个伦理秩序的'理想国'",而不是政治秩序的'理想国'";它只能给伦理学提供原始资源,不能落实为政治制度操作设计。② 但是也应该承认,民本思想的整个体系中蕴含着许多有益的思想因子。

首先,民本思想强调国家的基础是"民",基础巩固,国家才能安定、繁荣,因而是一种带有一定人民性的国家学说,不失为中国传统文化中具有现代意义的精华。尽管不同时代的民本思想中"民"的范围有所不同,但都强调了"民"对"邦"的重要性,在一定意义上它成为近代中国人接受西方民主思想的基础和衔接点。

其次,民本主义思想使"天意"转化为"民意",在一定程度上使"天道"在人间找到了一个现实的落脚点,使对君主权力的制约有了一定程度的可操作性。

再次,民本思想隐含着"君主权力来自民众授予"的意义,并且隐含着君民之间的"契约"关系,使是否信守"民本"的原则成为古代中国评价一个王朝或君主的最高法则。君主若无视"民本"这一天、君、民之间的"契约",就有可能因失信于天下而被上天和民众抛弃。

最后,中国传统文化当中尽管在表达上没有明文宣示"权利",但是并不乏权利的思想观念,尤其是朴素的人权思想,甚至在实践中也不乏保障"权利"的做法,比如对于生命权的尊重、对人身自由权的保护、对财产权的详细规定等。这些都是我们在法治建设当中可资利用的本土资源。

党的十八大以来,党中央一直强调"立党为公、执政为民",提出了"权为民所用,情为民所系,利为民所谋",党和国家领导人在许多国际场合都谈到"民为邦本,本固邦宁"。所有这些,都让我们看到了中国传统文化中的"民本"理念在新时期的延续与升华。当然,我们也不能不看到,传统民本思想由于产生的条件和所处时代的局限,其本身是具有很大的缺陷的,有些缺陷甚至在民主意义上来看是反动的。历代统治者恪守"民本"原则,其最终目的并不在于为民谋利,而是在于使其王朝长治久安。"制约权力"只是他们在维护王朝统治的主观追求过程中产生的客观效果

---

① 康敏好:《人权与中国传统文化的连接》,《南方论刊》,2007 年第 9 期。
② 朱学勤:《风声・雨声・读书声》,三联书店,1994,第 265 页。

之一。另外,从契约的视角审视民本思想,"民本"无论是其内在的自警作用还是其刚性的"放伐暴君"的手段,与西方宪政理念中的"妥协精神"相比都有着先天的缺陷:柔者过柔,刚者过刚。这就要求我们在借鉴、吸收本土传统的民本思想时,要认清其内在的缺陷,然后去其糟粕、取其精华,赋予其新的内涵,这样才能让这种优秀的思想在新时代展露新的光辉。

第六章　中国传统文化中法治基因的现代价值

第一节　中国传统文化有关法律起源理论的阐释及其现代价值

"法"的古体字是"灋",由"氵""廌""去"三部分组成。其中"氵"的意思是执法要平之如水;"廌"是中国古代传说中的神兽,据说它能辨别曲直,在审理案件时,它会用头上的独犄角去触奸邪的人;"去"就是廌断案后将奸邪的人去除。这就是东汉许慎在《说文解字》中所述的"灋,刑也。平之如水,从水。廌,所以触不直者去之,从去"。显而易见,中国古人在创造"法"这个字的时候,就已经对它赋予了"公平"和"正义"的价值期盼。

在中国传统文化中,对于基本的法理有着自己独到的阐释。这些具有中国文化特色的理论不仅蕴含着中华文化的智慧,而且与现代法学理论有着诸多契合之处,对于我们建设法治中国有着重要的借鉴意义和参考价值。这里仅以具有中国古代百科全书之称的汉初刘安等所著的《淮南子》为例加以简要介绍。

之所以选择《淮南子》作为透视传统文化的一个切片,是因为这部奇书上承先秦诸子学说,下启汉武之后的德主刑辅思想,具有典型的代表性。

《淮南子》集哲学、政治学、法学、史学、伦理学、经济学、军事学等学科于一书。该书包括内篇二十一卷,中篇八卷,外篇三十三卷,梁启超先生称"其书博大而和有条贯,汉人著述中第一流也"。《主术训》为其内篇之一卷,主术,即治国之术,在先秦有的称为"君道"或"君守"。该篇站在一个统治者的立场,阐述了保证国家机器正常运转、实现国家长治久安必须注意的几个方面,其中包括法律在治国中的重要作用。《主术训》在立法方面,主张根据民众心愿制定法律并且不可随意废止。君权应当受制于法律,禁止民众做的事情,君主也不能做。所谓"法籍礼义者,所以禁君,使无擅断也","所立于下者不废于上,所禁于民者不行于身"。在执法方面提倡法律面前贵贱平等,即"尊贵者不轻其罚,而卑贱者不重其罚"。限于篇幅,这里仅就《主术训》中有关法律起源的理论加以法理分析,并探索这些理论对当代中国法治建设的借鉴意义。

一、法律起源于人性

法律是如何产生的?这是法理学的一个基本问题。在人类文明的早期,对这个问题大多答之以"法权神授",其目的无非是借"天"的至高权威来论证人间专制君主及其法律的神圣不可侵犯。《尚书·召诰》说:"有夏服(受)天命。"这是法权神授在汉语文献中的最早记载。考古学从金文、甲骨文的大量卜辞中发现,早在殷商时期,中国统治者往往把自己颁布的法律假托为上天的命令,称为"天命"。古巴比伦的《汉穆拉比法典》也声称法典乃是源自太阳神的命令。直到17世纪,英国国王詹姆斯一世还宣称他的权力来自上帝,他所制定的法律乃是源于上帝的旨意。对于"法律源于何处"这一问题,与刘安同时代的人也多以"法权神授"答之,最具代表性的人物当数当时的儒生董仲舒。董仲舒认为人类社会颁行的律令、刑罚,都是君主按上天的命令制定出来的,所谓"王者承天意以从事"[①],"仁义制度之数,尽取之天"[②]。对于法律的起源问题,《主术训》给出了与"法权神授"论者截然不同的回答,明确指出:"法者,非天堕,非地生……"[③]也就是说,法律是人定的,而非天造地设的神物。这种法律源于人性的观点除了《主术训》篇外,还贯穿于《淮南子》一书的始终。从该书的论述来看,作者将法律的产生视为源自人性的一种不得已之举,认为上古之人质朴纯真,不需要法律。到了后世,因为人性多欲,世间争乱渐多,统治者不得不"以朴重之法,治既弊之民"。法律制度乃是"因人之性、合于人心"的,是为适应人性的需要而制定出来的,具有人本的意义和人性的依据。这就抹去了笼罩在法律之上的神秘面纱,将法律制度和自然人性结合在了一起。

把法的起源与人性联系起来,是古今中外许多法律思想家共同采用的研究范式。人们对法律理论探索的历史进程中产生过众多的法学流派,但是对法律与人性关系的探索从来也没有远离过思想家的视野,即使在现代法学诸流派中,也不乏以人性与法律的关系作为研究对象的学派,如人文主义法学派和法人类学派。《淮南子》反对那种神话专制君主的理论,认为由于当政者自己无法给予法制禁令以清楚的解释,才编造出鬼神凶吉的神话,把法说成是天意的产物。在《淮南子》的作者

---

① 《春秋繁露·尧舜汤武》。
② 《春秋繁露·基义》。
③ 《淮南子·主术训》。

看来,法律乃是为适应人性的需要而制定出来的,是"因人之性"而产生的,是"合于人心"的,直接将法律与自然人性结合在一起,抹去了笼罩在法律之上的神秘面纱。《主术训》中有关法律起源的理论探索尽管还只是原则性的、简略性的,但是其中蕴含的法理智慧却是中华传统文化宝库中不可忽视的一个组成部分。

二、法律起源于社会

《主术训》明确指出:"法者,……发于人间,而反以自正。"也就是说,法律是根据社会的需要制定出来,用以规范人们行为的。在现代法理学看来,法律因为社会的需要而产生。社会乃法之源,法乃社会之流。为了适应社会的需要,国家通过两种主要方式创制法律。一种方式是根据社会的需求起草法律案由立法机关表决通过,另一种则是国家有权机关对既有的社会规范进行确认,使其具有法的效力。比如,国家赋予早已存在于社会的习俗、礼仪、道德、宗教等社会规范以法律效力。这些既有的社会规范一经国家有权机关确认,就具有了法律效力,成为国家的正式法律。法律产生的此种方式,诚可谓"发于人间"。《淮南子》的作者尽管生活在两千多年前的汉代,但是其关于法的起源理论却和现代法学理论是一脉相通的。

《淮南子》一书在法的起源理论上,之所以能够抓住法"发于人间"这一真理性的关键,是因为其成书基础就是社会实践。作为汉初有着广泛影响的地方诸侯王,刘安是一位有着"入世"情怀的政治家,他广招天下名士,对秦亡汉兴的史实和当时的社会实践进行了认真的分析研究。《淮南子》不仅是汉初社会实践的总结,而且回应了那个时代的社会现实,具有经世致用的明显特征。日本的《淮南子》研究学者池田知久对这一点曾有明确阐述,他认为:"一般说来,思想,特别是具有研究价值的思想,既是为了回答当时社会现实要求解决的问题而形成的,又是不满足以往各种思想对于当时现实问题的解决能力而形成的。"①《淮南子》认为社会人事并非"天"造,"天"也不是人类社会的主宰。这一论点的唯物性质和其中所蕴含的真理性元素,与马克思的一段有关法起源于社会需要的论述相似。马克思曾说:"法律应以社会为基础。法律应该是社会共同的、由特定的物质生产方式所产生的利益需要的表现,而不是单个人的恣意横行。"②

从《淮南子》的相关论述可以看出,在法律起源问题上,作者认为法律既"非天堕,非地生",也绝非君主专有之私,而是来源于社会,基于民众之适、合于应有之

---

① 池田知久,刘兴邦:《从〈史记〉〈汉书〉看〈淮南子〉的成书年代》,《湘潭大学学报》1988 年第 2 期,第 34-38 页。

② 《马克思恩格斯全集》第 6 卷,人民出版社,1961,第 291-292 页。

宜。这些观点，与当代法学理论乃至马克思主义法学理论都有些许不谋而合之处。在马克思主义法学理论看来，法是社会经济发展到一定历史阶段的产物。社会经济的发展引起阶级的出现，也是法的起源的根本原因。

三、法律起源于正义

对于法律的起源问题，《主术训》明确指出"法生于义"，即法律规范是基于社会正义而制定的。而"义"则关乎一个国家的存亡，"国之所以存者，仁义是也"，"国无义，虽大必亡"[①]。何谓义？《主术训》中作了明确的阐释："遍爱群生而不爱人类，不可谓仁。仁者爱其类也。"这一观念来自先秦儒家而又高于儒家。《主术训》还较早地开始使用人道的概念："遍知万物而不知人道，不可谓智。"这在中国文化史上是有重要价值的。

《主术训》的"法生于义"思想，实际上是作者民本主张在法律起源论上的一个具体体现。作者在书中写到："食者，民之本也；民者，国之本也；国者，君之本也。"并在此基础上提出以仁义治国："所谓仁者，爱人也……爱人则无虐刑矣。"这可以视为一种类似于儒家"德政""仁政"的政治和法律学说。但《淮南子》的法又不像儒家那样偏重于扩充内在的本有之善，而是要引导、帮助人彰显已有的"仁义之资"，更强调"圣人为之法度而教导之"的外在措施。20世纪西方新自然法学派的主要代表人物约翰·罗尔斯（John Bordley Rawls,1921~2002）所著的《正义论》被视为20世纪思想界颇具影响力的作品，是罗尔斯最引以为傲的正义学说，以社会契约论为基础，论证了西方民主社会的道德价值。罗尔斯在《正义论》的开篇就明确指出："正义是社会制度的首要价值，正像真理是思想体系的首要价值一样。……某些法律和制度，无论他们如何有效率和有条理，只要它们不正义，就必须加以改造或废除。……作为人类活动的首要价值，真理和正义是决不妥协的。"[②]毋庸讳言，这段令当代无数法学和政治学研究者为之倾倒的宏论，在笔者看来，并没有超出《主术训》所云"国之所以存者，仁义是也"和"国无义，虽大必亡"的思想高度。

《主术训》中关于法律源于"仁政""人道"的论述也是符合马克思主义群众观的。马克思主义认为，人民群众是历史的创造者，古往今来，无论是夺取政权，还是建设巩固政权，无论是治国理政，还是吏治与廉政建设，都离不开广大群众的积极支持和参与。这既是历史的客观存在，也是历史发展的必然。《主术训》作为《淮南子》中劝谕国君如何统治天下、如何治国理政的篇章，对"群众"问题有十分深刻的

[①] 《淮南子·主术训》。
[②] 约翰·罗尔斯：《正义论》，中国社会科学出版社，1988，第1页。

理论阐述。文中强调:"故积力之所举,则无不胜也;众智之所为,则无不成也。坎井之无鼋鼍,隘也;园中之无修木,小也。夫举重鼎者,力少而不能胜也。"以及:"夫乘众人之智,则无不任也;用众人之力,则无不胜也。千钧之重,乌获不能举也;众人相之一,则百人有余力矣。是故任一人之力者,则乌获不足恃,乘众人之制者,则天下不足有也。"这两段文字反复说的都是一个道理:治国一定要依靠民众的力量,要人尽其才,物尽其用。《主术训》在论说群众作用时,还强调要真心实意地敬畏和尊重群众,并采取有力措施切实保护群众利益。而要做到这些,最根本的一条就是要在国家法律和政策取向上,切实体恤民情、爱惜民力、让利于民,减轻人民负担。

《主术训》强调:"法者非天堕,非地生,发于人间,而反以自正。"肯定了法律起源于社会而非天堕地生,揭示了法的现实性。《主术训》认为"法生于义……此治之要也",指出了法律要符合正义的标准,从而批驳了法自君出。《主术训》将"义""众适""人心"作为法律产生的依据,绝不应是君主专有之私,法律也因之具有了公共性。可以说,《主术训》有关法律起源的理论阐释,是我国古圣先贤在探索治国理政方面为后世留下的一笔宝贵遗产,能够为当代中国乃至现代世界各国的法治建设提供一定的理论借鉴和有益启示。

第二节　中国传统文化中的立法思想及其现代价值

中国传统文化中具有丰富的立法思想,这里仍以《淮南子》为例,这本鸿篇巨制是对先秦诸子学说的继承和总结,同时又体现了汉初由黄老思想向儒家思想转化的文化倾向,可以说是中国文化史上一个重要的具有典型意义的代表,是了解中国传统文化、解剖中国传统文化的一个重要切片。该书所述立法思想杂糅了诸子百家学说,以道为主,既继承了法家学说的精神,又体现了儒家思想的鲜明特色,对后世立法思想有重要的影响。

一、立法要尊重民意、尊重客观规律

《淮南子》的立法思想是其法律起源论的逻辑延续,既然法律起源于人性和社会生活的现实需求,那么法律的制定就应该回应人性需求、尊重社会客观规律。

《淮南子》对此有明确表述:"法生于义,义生于众适,众适合于人心,此治之要也。"①也就是说,国家制定法律政令,必须要适合民众之现实需要,应考虑民意的大势所趋、人心所向。《淮南子》中的"义"不仅包含着"自然之宜",还融入了社会客观规律,即社会伦理方面的内容。这在《齐俗训》篇的叙述中有明确体现,如"义者,宜也","义者,所以合君臣、父子、兄弟、夫妻、朋友之际也","体君臣,正上下,明亲疏,等贵贱,存危国,继绝世,决挐治烦,兴毁宗,立无后者,义也"等。基于这种立法理念,《淮南子》主张立法要尊重民意,回应民众的需求,所谓"因其好色而制婚姻之礼……因其喜音而正雅颂之声"②,而不能罔顾民意、民情、民俗,想当然地或根据统治者自身的需求肆意地制定法律政令。

在立法方面,《淮南子》还强调:国家不能制定超出民众道德水平的法律,即所谓"高不可及者,不可以为人量;行不可逮者,不可以为国俗"③。法律制度应符合一般民众的普遍道德水平,如果法律要求普通人都达到圣人的标准,提出不切实际的过高的要求,法律就注定会成为一纸空文的摆设。这种尊重客观规律的立法思想,既保证了国家法律政令的可行性,又照顾了大多数民众的利益需求。这一思想与美国著名法学家富勒的理论如出一辙。富勒认为,如果立法不切实际,政府官员就会面临这样的困境:要么强迫公民为不可能为之事,以致造成严重的不正义;要么对公民的违法视而不见,从而削弱对法律的尊重。④

不同的国家、同一国家的不同时代、同一时代的不同地域、同一地域的不同民族因为其生存的地理环境、文化差异等原因都有各自的道德标准和风俗习惯。国家在制定法律政令时要给予充分考虑和尊重。这种强调尊重民意和客观社会规律的立法思想是对社会发展和法律运行客观规律的一个正确认识,在法理上与孟德斯鸠"法的精神"异曲同工。学者徐复观对此给予了较高评价:"法乃起于众人共同的利益,共同的要求('众适'),这是过去的法学所未曾说出的最根本问题,富有现代法治的意义。"⑤

二、立法要顺应社会发展、与时俱进

作为博采众长的一部百科全书式著作,《淮南子》对各家思想几乎均有涉猎,它继承了道家思想中的变易理论,又汲取了法家的变法思想,并融合了儒家思想的相

---

① 《淮南子·主术训》。
② 《淮南子·泰族训》。
③ 《淮南子·齐俗训》。
④ Lon L. Fuller, *The Morality of Law*, pp. 70-79。
⑤ 徐复观:《两汉思想史》(卷二),华东师范大学出版社,2001,第156页。

关内容，形成了"法与时变，礼与俗化"的立法思想。"法与时变"就是法律要"顺势因时，因时而变"，主张国家没有一成不变的法律政令，制定法律要适应国家发展和社会形势的现实需要，一味地"法古""循旧"会导致国家的灭亡。所谓"苟利于民，不必法古；苟周于事，不必循旧"，"法与时变，礼与俗化"，"制度法令，各因其宜"①。《淮南子》一书认为"法与时变"是符合人类社会发展规律的一种现象，同时还指出，立法者要兼采各家观点，不能偏执一隅。

《淮南子》一书中多处体现了立法要顺应社会发展、与时代同步的理论。其中《齐俗训》篇讽刺那些不能跟上时代发展步伐的人是"夫以一世之变，欲以祸化应时，譬犹冬被葛而夏被裘。夫一仪不可以百发，一衣不可以出岁"。意思是说，如果不根据变化了的时世制定法律政令，就会像冬天穿很薄的葛布衣、夏天穿又厚又暖和的皮大衣一样可笑。弓弩上的瞄准器调整一次不可能用来射击一百次，同一件衣服也不能不论天气冷热一年穿到头。弓弩上的瞄准器要根据不同的目标不断调整，穿衣戴帽也必须根据气候的冷暖变化不断更换，即"世异则事变，时移则俗易"。立法者要根据世道变化来制定法律政令，顺应时代要求来治理国家。

第三节 中国传统文化中的执法思想及其现代价值

一、"精诚无私"的公正执法观

《淮南子》认为执法之于一个国家是极其重要的，强调法律的执行对发挥法律的作用具有非常重要的影响，所谓"有法者而不用，与无法等"②。在《淮南子》看来，执法者只有精心诚意、公正无私，才能使法律政令得到很好的贯彻执行，故有"赏善伐暴者，政令也；其所以能行者，精诚也"。所谓"精"是指执法者必须先吃透法律政令的精髓要义，深谙法律政令所代表的公平正义；所谓"诚"指的是执行法律政令的时候要尽心尽力、诚心诚意。

《淮南子》主张执法必须做到公正无私、赏罚分明，"犯法者虽贤必诛，中度者虽不肖必无罪"，这样才能够使国家秉公执法的风气盛行，从而堵塞徇私枉法之路，实

---

① 《淮南子·泛论训》。
② 《淮南子·主术训》。

现"公道通而私道塞","群臣公正莫敢为邪,百官述职,务致其公"。①

二、"待圣而治"的贤人执法观

《淮南子》认识到执法者的个人素质对于法律政令实施的重要性,提出了"法待圣而治"的执法思想,认为君主如果用人得当,就能治理好国家,反之,则会使国家陷于危难,说明了贤良之人在执法方面的重要作用。②《淮南子》认为,"徒法不能以自行",法律政令的实施要取得好的效果,必须由"贤人"执法,这是关系国家治乱的重大问题。书中用射箭比喻执法,说即使拥有良弓利箭,若没有好的射手,也是无法射中目标的。所谓"法者,治之具也,而非所以为治也。而犹弓矢,中之具,而非所以中也"③。同样道理,国家即使制定了好的法律政令,若没有善于执法的"贤人",法律政令也会因无法实际推行而成为一纸空文。从这个意义上来说,"贤人"比"良法"还要重要。"故法虽在,必待圣而后治。"④甚至将贤人执法的重要性提高到国家生死存亡的高度,所谓"国之所以存者,非以有法也,以有贤人也;其所以亡者,非以无法也,以无贤人也"⑤。《淮南子》一书对于执法者重要性的论述,反映了该书在法治理论上的杂糅性。强调法律的重要,显然是承继了先秦法家的理论;又把执法者的重要性提到至高的地位,显然又融合了儒家的治国思想。作者到底是主张"法治"还是主张"人治",读者无法读出答案,是因为《淮南子》自身就是持一种融会贯通百家学说,只要能够"利于民""周于事",在其看来就是治国理政的真理。

三、行刑思想及其对当代狱政的意义

(一)顺天行刑思想

《淮南子》总结了先秦道家学术,同时又融合了儒、法、墨、阴阳等各家思想。先秦各家的"天人感应"理论几乎都能在《淮南子》中找到影子。《淮南子》构建的天人感应思想体系是后来董仲舒思想体系的理论基础。天人感应思想认为宇宙是一个系统的、互相联系的宇宙,不同事物之间不是相互孤立地存在,而是随时在发生联系和感应,即所谓"物类相动,本标相应"。统治者必须严格遵循天地自然之道来安

---

① 《淮南子·主术训》。
② 李光灿、张国华:《中国法律思想通史(一)》,陕西人民出版社,2001,第651页。
③ 《淮南子·泰族训》。
④ 同上。
⑤ 同上。

排国家政事,一点也不能乱。《淮南子》中的《天文训》《地形训》和《时则训》篇几乎全部论述都集中在这方面的内容上。其中,对于天文地理、阴阳五行、律历时令、水土风俗等都作了详细的研究,并主张国家治理应当与这些东西严格配合。在《淮南子》看来,整个宇宙就是一个"感应"的系统,每一事物都与其他事物有着"感应"关系,所谓"天地宇宙,一人之身也;六合之内,一人之制也"[①]。

在天人感应思想系统里,监狱管理与行刑必须顺应天时。何时修缮监狱设施、何时派员平反冤狱、何时对在押囚犯执行刑罚等都要顺应天时,需要在特定的时间进行。《时则训》当中对此有多处论述。

原文:孟秋之月,用始行戮。

译文:孟秋七月,这个季节顺秋气而始行杀戮刑罚。

原文:立秋之日,……命有司,修法制,缮囹圄,禁奸塞邪,审决狱,平词讼。天地始肃,不可以赢。

译文:立秋那天,……命令主管官员,修订严明法律制度,修缮牢房,禁绝奸邪,审理案件,处理诉讼。这时的秋季是天地自然到处显示肃杀收敛的时令,所以不许容忍有邪气霸道的现象存在。

原文:季秋之月……乃趋狱刑,毋留有罪。

译文:季秋九月,督促判决刑案,不要留下有罪当杀的人。

原文:孟冬之月……命有司,修群禁,禁外徙,闭门闾,大搜客,断罚刑,杀当罪,阿上乱法者诛。

译文:孟冬十月,命令主管官员,执行各种禁令,禁止居民外流迁徙,关闭城门和里门,全面搜查外来流动人员,判决罪犯执行刑罚,处决那些应当处决的罪犯,严惩逢迎上司扰乱法纪的人。

原文:仲冬之月……罢官之无事、器之无用者,涂阙庭门闾,筑囹圄,所以助天地之闭。

译文:仲冬十一月……撤换无所事事的庸官和弃扔没有用处的器具,修补涂饰城楼、宫门、厅堂、院门和里门,加固修补监狱以符合顺应当时的天地闭藏原则。

原文:十二月官狱……申群禁,固闭藏,修障塞,缮关梁;禁外徙,断罚刑,杀当罪;闭关闾,大搜客,止交游,禁夜乐,蚤闭晏开,以窒奸人,已德,执之必固:天节已几,刑杀无赦,虽有盛尊之亲,断以法度;毋行水,毋发藏,毋释罪。

译文:十二月的代表官是狱官……重新申述各种禁令,加强固定收藏封闭,修筑设立关卡障碍,修整关口桥梁,杜绝居民流徙,处理判定刑罚,处决那些罪大恶极者,关闭城门,全面搜捕外来流动犯罪分子,禁止交往游玩,不准夜间寻欢作乐,门

[①] 何宁:《淮南子集释》,中华书局,1998,第 567 页。

户提早关闭,以便搜寻奸邪之徒,如抓获这些奸邪之徒,要严加看管拘押。这时一年的节令将结束,执行刑罚要严厉,对死刑不能宽赦,即使是势力庞大地位尊贵的亲族犯罪,也要依法判决。

《淮南子》对于天地之气的运行规律做了大量精细的研究,其中尤以《天文训》篇和《时则训》篇为代表。所谓"时则"是就国家政治而言,要求统治者要"以时为则"。该书对于每一个节气、时令的气候特点以及该从事哪些政事,都一一作了详细的说明。强调统治者应严格遵循这些规律来施政,否则就是"失政"。《淮南子》把天地之气的运行规律摆在了治国大法的位置上,在其作者看来,监狱管理和行刑乃至监狱建筑的修缮,都要顺应天时,符合自然法则。如果违背天时,轻举妄动,就可能事与愿违甚至受到上天的警示或惩罚。

(二)仁义教化思想

《淮南子》在有限认可法家理论的同时,主张以儒家的仁义、道德因素消除先秦法家纯任刑罚的严酷一面。这对后世德主刑辅法律思想的形成和发展是有积极影响的。这一主张反映在狱政思想上,《淮南子》提倡要以儒家道德教化为主,尽量避免使用刑罚,道德仁义之后才有法度强制。所谓"治之所以为本者仁义也,所以为末者,法度也。故仁义者,治之本也。今不知事修其本,而务治其末,是释其根,而灌其枝也。且法之生也,以辅仁义。今重法而弃义,是贵其冠履,而忘其头足也"。明确指出仁义教化在国家治理中是"本",法律在国家治理中是"末"。

《淮南子》中仁义教化为主、刑罚为辅的思想体现在书中对于犯罪预防和罪犯改造的论述里。《泰族训》篇一再感慨民若无廉耻,治理根本是不可能之事。礼义不修,廉耻不立,"法弗能正也","无法不可以为治也不知礼义,不可以行法"。这些都指出法律的作用更多的是禁恶,而不能给民众以教导,这种作用只能是在犯罪发生之后对受害者进行补救,对施害者进行惩戒。从犯罪学的角度看,属于对犯罪的消极预防。"法能杀不孝者而不能使人为孔、曾之行法能刑窃盗者,而不能使人为伯夷之廉",也就是说礼义廉耻能从积极的方面防止犯罪行为的发生,属于犯罪学理论上的"积极预防"。教化的作用在于能够培养人们的礼义廉耻,通过"明好恶以示之,经诽誉以导之,亲贤而进之,贱不肖而退之",使人为"孔、曾之行""伯夷之廉",减少案件发生的概率,从而实现"设法而不犯,刑错而不用,非可刑而不刑也百工维时,庶绩咸熙,礼义修而任贤德也"的理想社会目标。

《泰族训》篇肯定法在治国中的功效的同时,还强调了法律功能的有限性。认为法只能使天下人因畏惧而不敢犯法,却不能消灭犯法的想法。法律能惩罚罪恶而不能消灭和预防罪恶的发生,只有礼义教化才能从根本上杜绝犯罪现象的发生,因此法治手段只有在礼义教化的基础上才能发挥作用,"仁以为经,义以为纪,此万世不更者也"。最高明的方法是用礼义教化人不愿为恶,低级的方法是用刑罚威吓人不敢为恶。"故仁义者,治之本也……且法之生也,以辅仁义。"①即仁义为治国之本,法律只是仁义教化的辅助。

(三)尊卑同刑思想

《主术训》主张赏罚分明,"设赏者,赏当赏也","尊贵者不轻其罚,而卑贱者不重其刑。犯法者虽贤必诛"。即使是尊贵的人,触犯法律的行为也不得减轻处罚,也不因为出身卑贱违法犯罪就会加重处罚,犯法者尽管贤能也必须依法严惩,体现了"尊卑同刑"的精神。

《时则训》载:"刑杀无赦,虽有盛尊以亲,断以法度。"强调即使是势力庞大、地位尊贵的皇亲贵族,犯了罪也要依法决断。"法籍礼义者,所以禁君,使无擅断也。"不仅是皇亲贵族不得赦免,即使是君主也应当遵守法纪,宗法礼义的制定也是用来限制君主的,不让他独断专横。《淮南子》认为,法不阿贵,尊卑同刑,法律面前人人平等,君主也受到法律的制约,不可凌驾于法律之上。与此同时,《淮南子》还强调,"人主之用法,无私好憎,故可以为命",即君主不能随主观意愿随意改变执法标准和量刑尺度,以保证法令政策的贯彻实施。

《主术训》认为"执法应当对于高贵者,不轻其罚;对于卑贱者,不重其刑"。《主术训》还提出君主必须带头守法,因为君主带头守法,可以使群臣"公正莫敢为邪,百官述职,务致其公也";反之,如果君主自己不守法,上行下效,就会使"群臣党而不忠,说谈者游于辩,修行者竞于往",更为严重的是会造成大臣专权、结党营私的混乱局面,"国虽若存,实则亡矣"。为了有效地执法,《淮南子》认为应当采取赏罚的措施,有功者赏,违法者罚。不过,赏罚必须得当,所谓"悬法者,法不法也;设赏者,赏当赏也"。赏罚得当,"诛者不怨君,罚之所当也。赏者不德上,功之所致也。民知诛赏之来皆在于身也,故务功修业,不受赣于君"。反之,如果赏不当功,罚不应罪,就会造成君臣相怨,上下离心。

为做到赏罚得当,人主必须从公道出发,不能因自己爱憎喜怒而转移,无功虽顺己也不赏,无过虽逆己亦不罚,要做到公平正直。故《缪称训》篇中写道:"明主之赏罚,非以为己者,以为国也;适于己而无功于国者,不加罚焉;逆于己而便于国者,不加罚焉;是故禄过其功者损,名过其实者蔽;情行合而名副之,祸福不虚至矣。"《淮南子》还认为,人主不仅要赏罚分明,而且要善于赏罚,做到"费少而劝众,刑省而好禁",所以,君主赏罚时要注意"因民之所喜而劝善,因民之所恶而禁奸",达到"赏一人而天下誉之,罚一人而天下畏之"的效果。

---

① 《淮南子·泰族训》。

（四）恤刑悯囚思想

先秦的法家们对人性不寄予一丝希望，万事一任委之于法，又用严刑来保证法在现实中得到分毫不差的实施。秦朝的迅速灭亡使得他们这种主张备受指责，因而《淮南子》的主张相对就要温和许多，如"下必行之令，从之者利，逆之者凶，日阴未移，而海内莫不被绳矣"，"天子发号，令行禁止，以众为势也"。因而"义者，非能遍利天下之民也，利一人而天下从风暴者，非尽害海内之众也，害一人而天下离叛"。通过对个体的惩戒，树立法律的权威，使民众遵守法律，从而达到无为的目的。《淮南子》剔除了法家的威吓性，更为平易地关注法的客观性，使法的严峻色彩稀释淡化，这是《淮南子》较之前法家思想的一大进步，这也是汉初社会对秦朝的快速灭亡进行深刻反思的结果。

《主术训》认为，纯任刑罚是无法消灭犯罪，更无法彻底改变社会风气的，即"刑罚不足以移风，杀戮不足以禁奸"。所以，它倡导的理想治理状态是"法宽刑缓，囹圄空虚"，赞赏"善罚者，刑省而奸禁"。

《人间训》篇中还记载了一个"笼中鹦鹉"的故事：

> 富商有段姓者，尝畜一鹦鹉，甚慧，能迎客与诵诗。段剪其两翅，置于雕笼中。熙宁六年，段忽系狱。及归，问鹦鹉曰："吾半年在狱身不由己极其怨苦。女在家有人喂饲，何其乐邪！"鹦鹉曰："半年在狱，早已不堪；吾多年在笼，何乐可言？"段感悟，乃放之。

故事的寓言意味浓厚，其中蕴含的恤刑悯囚思想跃然纸上。

《淮南子》中有关行刑、监狱管理和犯罪预防的理论，是对先秦诸子学说中有关法律、人性、犯罪等思想的继承和发展，其中不乏作者根据所处历史时代进行的创造性转化。这些理论对于当时乃至其后封建王朝德主刑辅的治狱思想具有奠基作用。当然，我们也应该看到这些论述当中的一些迷信色彩和历史局限性。汲取其中的精华，剔除其糟粕，并根据时代需要进行创造性转化，这样才能够古为今用，让传统狱政思想在新的时代背景下获得新的生命力，为当下的监狱管理和罪犯矫正事业提供文化支撑。

第四节　中国传统文化中的司法思想

传统中国司法制度的主流，认为司法的主要作用在于辅助道德教化，所谓德主刑辅。德法互补是中国传统法治文化的精髓。周在立国之初汲取商"重刑辟"、失德失民的亡国教训,提出了"明德慎罚"的政治主张,强调国家治理应以教化为先,教化无效方施以刑罚,主张"殄戮多罪,亦克用劝;开释无辜,亦克用劝"①,即通过杀戮罪大恶极者与释放无罪之人以劝勉百姓向善。德法共治的思想为历代所沿袭和发展,并不断赋予其更丰富的内涵。唐朝以国家律典的形式,在《唐律疏议》中明确指出,"德礼为政教之本,刑罚为政教之用,犹昏晓阳秋相须而成者也",将德礼、刑罚的本用互补关系喻为"昏晓阳秋"的自然规律。康熙、乾隆也反复强调治国应"以德化民,以刑弼教",推行德法互补的政治法律政策。②下面仍以《淮南子》为例对中国传统司法思想加以简述。

一、司法辅助教化思想

《淮南子》认为,国家司法权的地位在于辅助道德教化。在国家政治生活中,道德教化具有根本性和全局性的作用,而司法则是对其进行辅助和补充,所谓"且法之生也,以辅仁义","若不修其风俗,而纵之淫辟,乃随之以刑,绳之以法,法虽残贼,天下弗能禁也"。如果不倡导道德教化而纯任刑罚,司法虽然能够将坏人绳之以法却无法禁止犯罪的发生。这也就是后世所倡导的德主刑辅思想。

《淮南子》指出:"人之性有仁义之资,非圣人为之法度而教导之,则不可使乡方。故先王之教也,因其所喜以劝善,因其所恶以禁奸。故刑罚不用,而威行如流;政令约省,而化耀如神。"③意思是说人具有仁义的天性,但是还必须要经过圣人制定出法度来加以教化和引导,否则就不能归入正道。先王对民众施行教化,都根据人们喜欢善的特点来引导、勉励他们向善,根据人们讨厌邪恶事物的特点来教化民众禁绝奸邪。因此在先王的时代,不用动用刑罚,君主的威势就能畅行如流水;国家的政令简约,却能够感化照耀人心如神灵。所以,根据人的天性来管理民众则天下人顺从;违逆人的本性进行治理则法令形同虚设。这里,《淮南子》作者要表达的是:人的天性是向善的,这才是国家治理的根本依据所在,而司法是一种抑制邪恶的力量,"治之所以为本者,仁义也;所以为末者,法度也"。所以治理国家必须以仁义教化引导人们向善为主,而不能以法律惩处为主。道德教化不仅能使民众趋向正直,而且会使刑罚悬而不用。在国家治理方式上,道德教化远比司法更重要,道德教化能够将人的天性中具有趋善的倾向引领向理想的目标。所以,《淮南子》认

---

① 《尚书·多方》。
② 尉琳:《中国古代刑事法制的历史特点》,《光明日报》2020年3月2日第14版。
③ 《淮南子·泰族训》。

为,如果重视司法而轻视道德教化,就是本末倒置,所谓"不知事修其本,而务治其末,是释其根而灌其枝也"。如果放弃礼仪教化而过分倚重司法,就是重视鞋子和帽子却忘了头和脚,所谓"贵其冠履而忘其头足也"①。

二、公正司法思想

中国古代社会的思想家、政治家非常重视公正问题,对公正的理解也十分丰富,往往与公、正、中、平甚至义相联系,与私等相对立。中国古代较早讨论"公"的观念的是《礼记》,指出"公"的含义是超越自我、没有自私自利之心。先秦时的荀子提出"公生明,偏生暗"②的观点,强调公与政治清明的密切关系,对后人的影响较大。在古人看来,公正表明不偏私、正直,最早似出自汉朝班固的《白虎通论》:"公之为言,公正无私也。"将"公"与"正"联系在一起,《淮南子》中有"公正无私,一言而万民齐"。

《淮南子》认为,国家的司法活动必须遵守公正的原则。"法者,天下之度量,而人主之准绳也。县法者,法不法也;设赏者,赏当赏也。法定之后,中程者赏,缺绳者诛。尊贵者不轻其罚,而卑贱者不重其刑。犯法者虽贤必诛,中度者虽不肖必无罪。"③这段文字不仅阐明了法律作为治国之"准绳"的作用,而且指出了国家制定法律的目的在于赏善罚恶,"尊不轻罚,卑不重刑"的公正性则是司法活动的最高准则。这要求司法者在适用法律时要做到一律平等,即使地位尊贵的达官贵人犯罪也不能够对其减轻刑罚,地位卑贱的草民百姓犯法也不得加重其刑罚。甚至要求司法权的最高掌管者君主本人也要根据法律授权行使司法权,而不可以恣意妄为、言大于法,更不能受喜怒之情左右,搞司法擅断,"法籍礼义者,所以禁君,使无擅断也"。

在《淮南子》的作者看来,公正司法有利于树立司法的公信力和权威性。为了树立司法的公信力,主张君主本人也要将司法的权威置于自己的权力之上。甚至告诫君主:如果"喜怒形于心""欲见于外",将个人意志凌驾于法律之上,那么君主手下的各级司法官员就会"枉法而从风;赏不当功,诛不应罪",枉法裁判,该赏的不赏,应罚的不罚,进而导致"上下离心,而君臣相怨"的混乱局面。只有君主和各级官吏在进行司法活动时不徇私情、依法进行刑赏,做到"国有诛者而主无怒焉,朝有

---

① 《淮南子·泰族训》。
② 《荀子·不苟》。
③ 《淮南子·主术训》

赏者而君无与焉"，才可以实现所谓的"赏一人而天下誉之，罚一人而天下畏之"①。司法的公信力和权威性的树立对于整个社会的和谐、稳定具有十分重要的作用。

在中国古代，有许多公正司法的典型案例见诸史籍。下面以《汉书》有关廷尉张释之公正司法的一段记载为例加以介绍。

> 其后有人盗高庙座前玉环，捕得，文帝怒，下廷尉治。释之案律盗宗庙服御物者为奏，奏当弃市。上大怒曰："人之无道，乃盗先帝庙器，吾属廷尉者，欲致之族，而君以法奏之，非吾所以共承宗庙意也。"释之免冠顿首谢曰："法如是足也。且罪等，然以逆顺为差。今盗宗庙器而族之，有如万分之一，假令愚民取长陵一抔土，陛下何以加其法乎？"久之，文帝与太后言之，乃许廷尉当。是时，中尉条侯周亚夫与梁相山都侯王恬开见释之持议平，乃结为亲友。张廷尉由此天下称之。

意思是有人偷了高祖庙神座前的玉环，被抓到了，文帝发怒，交给廷尉治罪。张释之按法律所规定偷盗宗庙服饰器具之罪奏报皇帝，判处死刑。皇帝勃然大怒说："这人胡作非为、无法无天，竟偷盗先帝庙中的器物，我交给廷尉审理的目的，想要给他灭族的惩处，而你却一味按照法律条文把惩处意见报告给我，这不是我恭敬奉承宗庙的本意啊。"张释之脱帽叩头谢罪说："依照法律这样处罚已经足够了。况且在罪名相同时，也要区别犯罪程度的轻重不同。现在他偷盗祖庙的器物就要处以灭族之罪，万一有愚蠢的人挖长陵一捧土，陛下用什么刑罚惩处他呢？"过了一些时候，文帝和薄太后谈论了这件事，才同意了廷尉的判决。当时，中尉条侯周亚夫与梁国国相山都侯王恬开看到了张释之执法论事公正，就和他结为亲密的朋友。张释之由此得到天下人的称赞。

古代中国不但努力通过司法官吏严格执法这一正规制度的途径，追求司法公正，还尽可能地通过大臣解释法律，扩展法律的适用范围，调动法外资源，弥补司法制度的缺漏，力图实现实体的司法公正，体现了古代司法智慧的圆熟。礼法结合、经义决狱和权时执法便是这种智慧的体现。②

---

① 《淮南子·主术训》。
② 高其才,肖建国,胡玉鸿:《司法公正观念源流略论》,《清华大学学报(哲学社会科学版)》2003年第2期。

第五节 中国传统司法实践中的高超智慧

创设现代司法制度,绝不意味着传统司法智慧的历史性消逝。对于当代中国的司法制度改革来说,不要奢望在他国模式中找到现成的答案,要凭借自身的创造性行动让我国古代司法智慧在现代环境中得到升华。由于赖以存在的社会基础不同,传统司法智慧不可能完全适用于当下的司法实践。但是,将其中契合当代法治建设需要的部分进行创造性转化,进而融入现代司法之中却是可能的。这里以孔子任鲁国最高司法官期间处理的一起诉讼案件为例,了解中国传统文化中的司法智慧。

据《史记》载,孔子在51岁时当上了鲁国的大司寇,这是孔子一生中做过的最高的官职了。《周礼·秋官司寇》是这样描述"大司寇"这一职务的:"大司寇之职,掌建邦之三典,以佐王刑邦国,诘四方……以圜土聚教罢民……以两造禁民讼。"意思是大司寇的职责是负责建立和颁行治理天下的三法,以辅佐王惩罚(违法的)诸侯国,禁止四方各国(的叛逆);用狱城聚教那些游手好闲的不良之民;用使诉讼双方都到场的办法来防禁诉讼不实之词。用今天的话来说,孔子就是当时鲁国负责国防、治安和司法的最高长官。

一、《孔子家语》关于孔子断狱的记载

作为鲁国的最高司法长官,孔子亲自审理过不少的案件,这些案件的处理方式反映了孔子的法律思想和司法智慧。《孔子家语·始诛第二》当中,就记载了一个经典案例:

> 孔子为鲁大司寇,有父子讼者,夫子同狴执之,三月不别,其父请止。夫子赦之焉。

这个案例的大致内容是:孔子在鲁国做最高司法长官的时候,有父子两人因为发生矛盾来找孔子打官司。具体原因我们就无从考证了,或许是父亲嫌儿子不孝,儿子说父亲老糊涂。孔子就命令手下人将那父子两人暂时先关押在同一个监舍之内,一连三个月都没有审理此案。这里要作一个说明,在中国古代,监狱制度和今天有很大的区别,凡有打官司的,如果审案官员因各种原因无法立即审理的,原告、被告,甚至相关联人等一律先看管起来再说。作为最高司法长官的孔子命令,将前来

打官司的父子两个关押在同一个监舍之中,可以设想,一开始父子俩可能仍然怒目相向、争论得面红耳赤。或许几天下来,怒气已经消了不少。再过一些时日,或许儿子会因为担心年老的父亲因监狱里粗陋的伙食影响了健康而每天为父亲省下一个半个窝头,父亲因为怕正在长身体的儿子因营养不良得了佝偻病而每顿饭把自己的咸菜省出半份来给儿子吃……这样过了三个月,父子俩不仅将原来的矛盾忘到了九霄云外,还因为相濡以沫的监狱生活唤醒了浓浓的父子亲情。于是,父亲请看管的衙役向孔大司寇递上了一份"撤诉申请":官司不打了。孔大司寇则顺水推舟——放人!一起父子诉讼案最终以父子和好、原告撤诉而圆满解决。

二、孔子断狱蕴含的司法智慧

我们不得不佩服作为伟大思想家的孔子,在断狱审案上也有高出常人之处。就上文案例的处理过程和结果来看,至少有以下几点是很值得称道的。

第一,节约了司法资源。在中国古代,行政兼理司法,也就是说不像今天有公安局、检察院、法院等专门的司法机构,这些机构的职能大多都由行政长官兼理。这从大家都耳熟能详的有关包公的戏剧里就能看出,无论大小案件,从立案侦查、审查起诉,到审理判决、执行刑罚,均由开封府的行政首长包拯亲自主持过问。而略通中国古代历史的人都知道,中国古代的公务员数量是很少的,据有关史料记载,一个中等的县级行政区的官员一般也就区区几十人而已。总之,在整个中国古代,司法资源是很有限的,如何运用这十分有限的司法资源处理好纷纭复杂的民刑案件确实需要一定的政治智慧。我们看到,孔大司寇在受理此案后,既没有让原被告双方搜集证据、提供证人、当庭辩论,也没有指定相关机构进行司法鉴定、证人测谎、冻结资产等,从头到尾,孔大司寇只做了两件事:一是在受理案件后命令将原告被告"同狴执之";二是在原告申请撤诉后,大笔一挥"赦之"。这无疑在最大程度上节约了有限的司法资源。

第二,彻底解决了纠纷。尽管孔大司寇并没有对该案进行真正意义上的审理,但是纠纷的解决却是彻底的。原告自愿撤诉,当事人之间不仅尽弃前嫌,而且懂得了要珍惜父子亲情。孔子基于"性相近,习相远"的人性论,认为民事纠纷可以通过德化和教化来解决,罪犯可以通过仁德和礼义来教化。教化与刑罚相比,首先教化可以保持人善的本性,其次教化可以预防犯罪,再次犯罪之后,教化可以让罪犯良心发现,从而达到"以德去刑"的目的。因此,孔子反对不教而杀,认为道德教化是解决纠纷、预防犯罪的有效手段。这种以德去刑的思想被历代统治者作为宝贵的经验继承下来。受这种观念的影响而形成的调解的传统,是中国独创的代替性纠纷解决机制,被西方人视作"东方经验"。

受孔子思想的影响，从汉开始，民间发生的轻微刑事案件和田土户婚等民事案件，便推崇走调解之路。唐以后，调解制度逐渐制度化，调解的方式分为州县调解与民间调解。前者是在州县官主持下的调解，是诉讼内的调解，带有一定的强制性；后者是诉讼外调解，如宗族调解、乡邻调解。调解的依据是国法、家规、礼俗等。调解不仅可以减少诉讼当事人的讼累，而且符合国家安定和维护伦理亲情宗法社会的需要。《牧令书》所说："乡党耳目之下，必得其情，州县案牍之间，未必尽得其情，是以在民所处，较在官所断为更公允矣。"推行调解制度，调动了各种社会力量，调解的形式又灵活多样，能够起到缓和社会矛盾、防止当事人积怨、减轻讼累、降低诉讼成本、维护稳定的社会秩序等积极作用。

第三，有利于社会和谐和倡导良好的社会风气。孔子对该案的处理在当时引起了一些高层官员的不满，有人质问孔子作为一个司法官怎么可以不按照国家的刑律进行案件的裁定呢？孔子给出的理由是："不教其民而听其狱，杀不辜也。"孔子极力主张推行教化，反对实行"不教而杀"的纯任刑罚的苛政，主张对人民要"道之以德，齐之以礼"，反对"道之以政，齐之以刑"。[1] 意为用政令和刑罚驱使人民，人民慑于暴力的威胁，可以被迫服从统治者的意志，但心中没有善恶的道德观念；而依靠恩德和礼教的感染，人们不但可以自我约束而且会以违法乱纪为耻辱。在儒家看来，道德伦理规范的价值要远远高于法律规范。

孔子的这一司法理念被后人概括为德主刑辅，每每为后世贤者人所推崇和效法。如唐朝韦景骏任贵乡令时，有母子相讼者。景骏谓之曰："吾少孤，每见人养亲，自恨终天无分。汝幸在温清之地，何得如此？"垂泣呜咽，取《孝经》付令习读。于是母子感悟，各请改悔，遂称孝慈。[2] 宋代思想家陆九渊知荆门军时，百姓有争讼，每多方劝说。尤其对于父子兄弟之间的纠纷，他总是以儒家"纲常礼教"来开导、启发，最后往往使他们感动得自己撕掉状子，重归于好。[3]

"亲情"源自人类本性，一个国家的法制，若失去了道德、亲情的支持，法律的合理性与合法性是很成问题的。同时，亲情的缺失，必将导致道德的沦丧、社会诚信的崩溃。法律的制定和实施只有考虑到人类的亲情因素，才能够有利于社会和谐氛围的形成，有利于良好道德风尚的形成和维持。

三、孔子司法智慧对今天的启迪

孔子审理诉讼案件时的与众不同或高明之处在于：他通过道德教化的手段从

---

[1] 《论语·为政第二》。
[2] 《旧唐书·良吏列传·韦机传》。
[3] 《宋史·陆九渊传》。

源头上杜绝诉讼案件的再度发生,也就是他一贯主张的"导之以德,齐之以礼,有耻且格"。诚然,孔子所追求的"无讼",只是一种理想状态。社会和人性之复杂,不是所有问题都可以通过道德教化来解决的。但是,如果我们能够汲取孔子的司法智慧,把秉公执法与道德教化结合起来,防纷争于未然,岂不更好?

孔子一直强调和追求"和为贵"。如今,"构建和谐社会"亦构成社会主义司法理论的基本内容与司法实践的最终目的。司法调解作为一种结案方式,可以促使双方当事人自愿达成协议,与和为贵的传统道德观具有一致性。司法调解是双方当事人的合意的结果,是双方真实意思的自由表达,当事人从心理上容易接受调解协议,履行协议内容,能够取得案结事了、化解纠纷的效果,有利于维护亲情、友情,恢复当事人间的和睦,防止矛盾激化,避免产生不稳定因素,对维护社会安定与司法权威起着积极的作用。

第七章 文化基因论视角下的中国传统文化及其创造性转化

第一节 文化遗传学的启示——拓宽法治研究途径的尝试

一、基因论与文化遗传学简介

1909年,丹麦学者约翰逊提出"基因"这一名词,用它来指任何一种生物中控制其遗传性状的遗传因子。同时约翰逊还提出了"基因型"与"表现型"这两个含义不同的术语,初步阐明了基因与性状的关系。基因型又称遗传型,它反映生物体的遗传构成,即从双亲获得的全部基因的总和。基因型是从亲代获得的,可能发育为某种性状的遗传基础。表现型是生物体把遗传下来的某一性状发育的可能变成现实的表现。基因型、表现型与环境之间的关系,可用如下公式来表示:表现型=基因型+环境[①]。

文化遗传学,又称文化基因论,就是借鉴生物遗传学上的理论成果,将基因理论应用于文化研究领域。文化基因论认为,在"文化"系统中,同样存在着一种遗传基因,而正是这种基因的代代遗传才保证了人类文化的持续发展。[②] 与生物遗传的机理相同,文化遗传也是通过文化基因的自我复制完成的。但是,文化遗传与生物遗传又有着很大的区别:生物基因是一种个体性基因,它通过个体间的生殖活动就可以方便获得,而且其中的生物信息的展现较少需要后天信息的刺激;而文化遗

---

① 丁显平:《人类遗传与优生》,人民军医出版社,2005;王亚馥、戴灼华:《遗传学》,高等教育出版社,1999。

② 严春友:《文化全息论》,山东人民出版社,1991,第105页。

传则是社会遗传,因为文化基因是一种社会基因,文化基因的遗传受遗传的生态环境影响较大。

二、文化遗传学视野里的中国传统法律文化

早在清末戊戌维新时期就有学者认为,宪法、法治乃至议会等在中国古代就已经出现了,甚至认为西方的宪法、法治等是效法中国古代的做法而已。如康有为在《请定立宪开国会折》中写道:"春秋改制,即立宪法,后王奉之以至于今。该吾国君民,久皆在法治之中……今各国所行,实得吾先圣之经义,故以致强。"梁启超还特意作了一篇《古议院考》,在文章当中,梁氏遍引先秦及汉代典籍、制度,证明议院之意在中国早已有之[①],按照这种说法,中国自古不就是法治的国家了吗?[②]

但是,需要指出的是,他们犯了一个致命的错误,那就是把法治的基因等同于法治的制度与实践。这无论是从逻辑上还是从历史事实角度看都是无法成立的,所以就难免招致许多人的诘问与责难。《古议院考》发表后,就引起严复的强烈不满,1895 年他在天津《直报》发表《救亡决论》一文,文中批评了时人将中西学盲目比附的做法,指责他们"于古书中猎取近似陈言,谓西学皆中土所有,羌无新奇"[③]。

文化遗传学的原理对本文有关法治问题的探索有很大的启发意义。"法治"不仅限于根据法律而创设的政治制度,还指隐藏在这些制度背后的法治思维和法治模式,以及贯穿于始终的法治精神。可以说,在西方社会中,成熟的法治理念催生了法治体制,而法治体制的建立又进一步完善和发展了法治理念。正是这种法治的精神理念在适宜的政治、社会、经济等环境之下逐渐生发成了成熟的法治制度。借用文化遗传学的术语,或者可以说法治的表现型是由法治的基因型在适宜的生态环境当中逐渐生发而来的。法治的表现型也就是成熟的法治制度。而法治的基因型是指那些蕴含着决定法治根本性状的因子,但尚未发展为成熟的法治制度的理念。今天各国成熟的法治制度就是由法治的基因经过历史的进化发展而来的法治的表现型。

根据文化遗传学的理论,还可以认为:法治的基因要转化成法治的表现型——成熟的法治制度,需要适宜的生态环境,这种适宜的生态环境有利于法治基因的充分表现和发育,并抑制那些不利于法治基因表现和发育的不良因素。在这样的环境之下,法治的基因就会逐渐演化为法治的表现型,即成熟的法治制度。相反,如

---

① 梁启超:《古议院考 饮冰室合集》文集之一,中华书局,1989。
② 杨家骆:《戊戌变法文献汇编》(第二册),鼎文书局,1973,第 236 页。
③ 《严复集》第一册,中华书局,1985,第 525 页。

果只存在法治的基因,而生态环境不利于其表现和发育,甚至可能抑制其表现和发育,则法治的基因无论如何也演化不出成熟的法治制度来。

法治基因的成长需要独特"生态环境"——经济、政治、文化等环境。这些环境因素的出现与法治具有相关性,借用杜维明先生的概念就是"选择的亲和性"[①]。文化遗传学的研究方法既可以使我们客观地探寻中国传统文化中的法治基因,又不否认中国历史上存在着的专制与暴政的史实,从而避免在法治和中国传统文化研究当中的两极化倾向,从一个新的视角解读中国传统文化,探索中国法治建设的独特道路。

三、文化基因论对当代中国法治建设的启示

根据文化遗传学的理论,基因型要转化成表现型,必须具备适宜的生态环境。这种适宜的生态环境有利于基因的充分表现和发育,并抑制那些不利于基因表现和发育的不良因素。在这样的生态环境之下,基因型就会逐渐演化为表现型。

作为法治的基因,无论是在西方国家还是在中国,古代的法治思想都没有在政治实践中兑现,这是由奴隶制、封建制国家的特定"生态环境"决定的。法治基因的生长需要适宜的生态环境,它包括适宜的政治生态环境、社会生态环境和经济生态环境。

法治的基因只有在适宜的生态环境中才能够由潜在的基因型演化为表现型(法治制度)。无论是中国还是西方,都是如此。西方国家法治的发展历史就是这一遗传路径的印证。古希腊、古罗马思想家关于法治的思想火花也是在西方中世纪的黑暗中沉寂了一千多年,直到文艺复兴才被资产阶级启蒙思想家重新点亮,直至英国资产阶级革命时期,法治基因生长的适宜环境逐步具备,英国"不受限制的权力"才终于走到了尽头。

相反,如果只存在法治的基因,而生态环境不利于其表现和发育,甚至抑制其表现和发育,则法治的基因无论如何也发育不出成熟的法治来。中国传统政治法律文化中的法治基因长期以潜在的形式——基因型传递,而没能生长成法治的表现型,其根本症结就在于所处的"生态环境"。

---

① 杜维明:《现代精神与儒家传统》,三联书店,1997,第70页。

第二节　正确认识法治在构建现代和谐社会中的作用

　　和谐社会这一理想，并非现代人所独有，它是人类千百年来孜孜以求的社会生活状态。如陶渊明笔下的桃花源让人充满了对和谐社会美好生活的憧憬；古希腊的柏拉图在其传世巨著《理想国》中所设想的和谐社会，也为古今学人耳熟能详。作为人类所追求的基本价值，和谐社会不仅表现为我国古人所描述的"大同世界"和西方人向往的"理想国"，在人类发展的文明史上，也确实有如中国的"贞观之治""康乾盛世"，古希腊繁荣等"和谐社会"的历史事实。但今天我们要构建的和谐社会绝不是历史上的那种"盛世"或"大治"。所谓历史上的"和谐社会"，是建立在君臣、尊卑、贫富，甚至男女之间都存有巨大差别的秩序当中的。我们要构建的和谐社会，应该是人人平等、和谐相处的社会。在这个社会里，没有任何人可以凌驾于另一些人的权利之上。如果说历史上的"盛世"靠的是贤君名相，那么现代和谐社会的构建靠的是良好的法律，靠的是法治。在现代文明社会中，法律应当成为调节人与人之间的关系和各种利益关系的基本准绳，也是社会稳定与和谐的基础。如果说和谐社会要有共识，那么国家的法律就是全体人民已经形成的共识。尊重法律，依法办事，就是处理好各种问题的正确途径。社会生活的方方面面，包括政治生活、经济生活、文化生活都在法治的轨道上运行，社会的各种矛盾都依法来调节、规范，社会才能处于和谐的状态。在这个意义上说，现代和谐社会首先应是一个法治社会。

　　不可否认，"和谐社会"概念的提出和放大，与近年来社会发展中的一些不和谐因素有紧密联系。当前提出构建和谐社会的决策，既说明中国共产党执政能力的提高和决策者的战略眼光，也说明当前社会或多或少地存在不和谐的因素。这些不和谐现象在经济、文化、教育等各个领域都有程度不同的表现，背后都有着复杂的原因和背景，但是追根究底还是由于法律制度不够完善，或者是已经完善的法律没有在实际当中得到很好的执行，由于某些政府部门权力过大而又约束不够，由于民众权利没有得到充分的尊重和保护，总之源于我们的社会还没有完全实现法治。

　　首先，法律对权力的约束力度不够。法治的要义在于限制权力。政府依法办事不仅是法治最基本的要求，而且其行为本身对民众有着强烈的示范作用。个别官员的违法犯罪是由于权力过多地集中于部分部门或部分官员，且对其的约束不够。其次，社会部分公众存在法治意识淡薄的情况。"和谐社会"应当是一个行为规范的社会。"不成规矩无以成方圆",社会的规矩是社会行为的准则。政府和公民的规则意识、法律意识是衡量一个国家文明程度的重要标志,是构建和谐社会的重要基础。近年,群众信访量急剧增加,这一方面说明群众对于上级政府的信赖,但另一方面也说明我们的社会还没有形成一种仰赖法治的共识。法治,即法律主治,是一种贯彻法律至上、严格依法办事的治国原则和方式。它要求整个国家以及社会生活均依法而治,即管理国家、治理社会,是凭靠法律这种公共权威的普遍、稳定、明确的社会规范,而不是靠任何人格权威,不是靠权力者的威严甚至特权,更不是靠亲情。它要求把法律至上、树立崇高的法制权威作为基本原则。在法治社会,法律是公民行为和政府活动的最终导向,是规制和裁决人的行为的最高标准和终极力量,每个社会成员都共同受法律的保护和约束,其行为和活动都纳入法制的轨道和范围。因此,法治是社会摆脱偶然性、任意性和特权,形成稳定有序的秩序与和谐状态的必然要求。

和谐社会是一个以人为本的社会,一切活动的根本目的,都是为了人的生存、享受和发展。"以人为本"是"以民为主":让每一个人都发展为权利自足的公民;让每一个公民都成为经济运行的主体、文化活动的主角和政治参与的主人。"以人为本"仅凭满腔豪情和一身正气是远远不够的。要避免"以人为本"成为一句空洞的口号,唯有将人的权利写进法律。法律是建立在尊重人性、敬畏生命的理念之上的。现代法治以尊重人的权利、保障人的权利为依归。法律从它产生以来,就以保护公民权利、维护公平与正义为己任,它的使命就在于惩罚那些以非人性的方式对待他人的人或集团,当今世界各国大都实行法治,也正是对历史上各种非人道的统治方式的摒弃。法律保护个人的权利与自由,为每个人的自由发展提供了最为安全和广阔的空间。可见,"以人为本"是法律自身原有之意。只有仰赖法律的保护,仰赖法治,公民的各种权利才可以得到有效的保护。这是社会公正与正义的重要体现,也是人权的重要内容。一个社会能保证做到人人平等地享受法律的保护,就能最大限度地激活社会活力,调动人们的积极性,就能使人们心平气顺,整个社会才可能有条不紊、和谐安定。

建设和谐社会的路径是:通过建立民主与法治的制度框架,实现公平正义这一目标。促进社会和谐、构建和谐社会,首先要求政府按法律的规范去行事。应当全面推进依法行政,建设法治政府。行政机关及行政权力,与社会的方方面面、与公民的日常生活息息相关,密不可分。行政机关能否正确行使行政权力直接关乎社会运作是否顺畅、社会关系是否和谐、社会交往是否融洽。实践证明,依法行政必定有助于理顺、平衡社会关系,有助于化解、消除矛盾冲突;违法行政则必然导致社会关系扭曲、社会矛盾百出、公民权利受损。因此,行政机关应当严格按照法定程序、法定权限、法定职责行使权力,努力建设一个透明、诚信、负责、理性的法治政府,这是促进社会和谐、构建和谐社会的关键所在。政府依法办事,就能公正而高效地履行自己的职责,调节好方方面面的关系,为构建和谐社会创造良好的条件。构建和谐社会,应当通过制定与完善法律法规推进社会主义民主制度化、规范化、程序化,保证人民当家作主;通过制定与完善法律法规进一步健全民主制度,丰富民主形式,扩大公民有序的政治参与,保证人民依法实行民主选举、民主决策、民主管理、民主监督;通过制定与完善法律法规切实做到尊重和保障人权,保证人民依法享有广泛的权利和自由。也只有在法治的框架之下,才能够真正建立人与人之间诚信友爱的关系,由此得到一个充满活力、安定有序、人与自然和谐相处的社会。一个社会真正实现了法治,社会成员就可能和睦相处,社会关系就可能和谐顺畅。反之,如果法律制度欠缺失当,纸面上的法律得不到真正的实施,社会成员则必然冲突频发,社会关系必然扭曲动荡。因此,法治建设在构建和谐社会的进程中居于支配地位,起着关键作用。就此而言,社会能否实现和谐主要取决于一个社会是否能够实现法治,无法治则无和谐社会。

第三节　中国传统法律文化的创造性转化

一、客观看待中国传统法律文化

中国传统法律文化中蕴含着丰富的积极因素,这些积极因素包括对正义和公平的追求、以人为本的理念、礼法结合的治理模式等。

中国传统法律文化的重要特征是通过自律和道德约束来实现公平和正义,不同于西方法律传统通过惩罚手段维护正义公平。中国传统法律文化基于人性善的哲学理念,处处体现着"以人为本"的人文精神。在中国传统法律文化中,法律文化的核心价值就是礼,中国古代法律的重心就在礼上,其中蕴含的和谐发展的思想,在法治中国建设中具有重要的借鉴意义。

但是,也应该看到,随着社会的不断发展,当代中国面临的世界环境、内部需求、人们的理念和价值观都发生了巨大的变化,现代化程度的不断提高进一步凸显出我国传统法律文化中的不足,这些不足主要表现在三个方面。

第一,传统法律文化过分强调道德教化的作用,制约了法律权威的树立。改革开放让我国的发展进入了一个全新的阶段,市场化不断发展,契约精神不断彰显。法律肩负了维护社会公平公正的责任,这就要求法律的绝对权威。在中国传统法律文化当中,法律和道德之间的界限并不明显,虽然这一做法有一定的积极因素,但是法律和道德的融合在很大程度上削弱了法律的权威,影响了法治社会建设进程。

第二,传统法律文化中的人治因素对民主化和法治化的进程有阻碍作用。传统法律文化当中,蕴含了丰厚的"人治"思想,这对于当代中国民主和法治进程是一个不利因素。当前,中国社会不断地发展,要求我们摒弃传统的人治思维,这既是社会发展的必然要求,同时也是依法治国的必然要求。

第三,传统法律文化过分淡化权利意识,不利于现代法治意识的形成。在中国传统法律文化中,"以和为贵"是一种追求无诉讼的价值观。长期以来,我国人民群众已经形成了无诉、厌诉的心理,导致了群众长期忽视自身的权利,自我权利难以得到有效保障,社会矛盾难以有效化解,这些都不利于我国社会主义和谐社会的构建。[1]

二、中国传统法律文化现代化转化的途径

要实现中国传统法律文化的现代化转化,首先要对其进行批判地继承,取其精华、去其糟粕。中国传统法律文化经过数千年的传承与积淀,积累了许多治国理政的成功经验,这些宝贵经验蕴含着中国古圣先贤的非凡智慧。如加强道德和法律的结合,一方面强调了道德对于社会调节的作用,另一方面也从人性的角度强调了法律的必要性。这既凝聚着中国智慧,也符合中国国情,对于当代中国法治建设仍有着不可忽视的借鉴作用。但是,我们不可否认传统法律文化的消极方面,必须对中国传统法律文化进行批判性继承。

实现中国传统法律文化的现代化转化,也离不开对他国有益经验的借鉴。当前,全球化不断地发展,文化交流从深度到广度也在不断地扩展。中国法律文化的传承发展和现代化转化可以借鉴他国法律文化,尤其是发达国家的有益经验,从中汲取精华,实现求同存异。诸如学习有关高新科技发展的法律制度,大胆吸收和借鉴有关社会保障方面的法律文化,汲取有关市场经济的法律文化精华等。

实现中国传统法律文化的现代化转化,最终要落脚于构建符合当代中国国情的社会主义先进法律文化。传统法律文化产生和发展都应从国情出发,选取传统法律文化当中对法治中国建设有利的部分应进行传承和发展。我们在构建现代法律文化的过程中要体现民主法治的精神,坚持以人为本,注重社会和谐,在以积极

---

[1] 董大全:《传统法律文化如何实现现代化转化》,人民论坛网,www.rmlt.com.cn/2016/1124/448533.shtml。

的态度去看待传统法律文化的同时,也要注重中国传统文化和现代法律精神的融合,实现传统法律文化的现代转化和创新①,为法治中国建设提供文化根基。

三、本书研究的创新

本书研究的理论创新之处在于:通过对中国传统文化的梳理与分析,从法治的视角透视了中国传统文化中蕴含法治因子的天道、礼制以及民本思想;通过研究分析中国传统文化中"法治基因"生存的政治、社会、经济环境,揭示出中国法治建设的根本症结不在于缺乏"法治基因",从而否定了法治研究领域的历史虚无主义。

本书研究方法的创新之处在于:借鉴遗传学的理论和研究方法,扩大了法治研究理论视野;将法治的"基因"与其"生长环境"分开来进行研究分析,可以使我们清晰地看出法治研究领域里的"激进主义"与"保守主义"争论之实质。激进主义主张全盘抛弃传统,未能冷静地寻求中国传统文化与法治的相通之处和汇合之途,传统文化和专制政治一起成了革命的对象。尽管他们对古代中国那些反法治的政治、经济、社会等状况的批评和否定构成了中国走向现代化的一股重要推动力量,但是他们却没有看到中国传统文化当中存在的法治的基因型(尽管它在中国历史上一直没能生发成宪政的制度,但它却以潜在的、隐型的方式在代代传承)。保守主义虽然看到了传统文化中存在的法治因素,但是却误将法治的基因型当成了法治的表现型,或者说是将法治基因和法治现实混在了一起,因此得出了"法治古已有之"的结论,这不仅无法解释中国古代普遍存在的君主独断与专制现象,难免给人以"简单比照、牵强比附"之感,也给激进主义者留下了攻击的把柄。双方各执一端,实际上是都有道理,又都有所偏激,根本原因就在于法治研究方法和进路的单一化所造成的理论分歧,如果我们借鉴遗传学(基因论)的基本理论和研究方法,就不难解决这一争端。

---

① 董大全:《传统法律文化如何实现现代化转化》,人民论坛网,2016-11-24,www.rmlt.com.cn/2016/1124/448533.shtml。

参 考 文 献

（一）中文著作类

白钢,林广华.宪政通论[M].北京:社会科学文献出版社,2005.
柏维春.政治文化传统[M].长春:东北师范大学出版社,2001.
班固.汉书[M].北京:中华书局,2000.
包和平,王学艳.中国传统文化名著展评[M].北京:北京图书馆出版社,2006.
蔡拓.契约论研究[M].天津:南开大学出版社,1987.
陈澔.礼记[M].上海:上海古籍出版社,1987.
陈雄.宪法基本价值研究[M].济南:山东人民出版社,2007.
陈云生.宪法人类学[M].北京:北京大学出版社,2005.
丛日云.西方政治文化传统[M].大连:大连出版社,1996.
崔文华.权力的祭坛[M].北京:工人出版社,1988.
崔永东.中西法律文化比较[M].北京:北京大学出版社,2004.
邓正来.国家与社会[M].成都:四川人民出版社,1997.
丁显平.人类遗传与优生[M].北京:人民军医出版社,2005.
杜维明.儒家思想新论:创造性转换的自我[M].南京:江苏人民出版社,1991.
杜维明.现代精神与儒家传统[M].北京:生活・读书・新知三联书店,1997.
法学教材编辑部,《外国法制史》编写组.外国法制史资料选编:上、下[M].北京:北京大学出版社,1982.
范忠信,郑定,詹学农.情理法与中国人:中国传统法律文化探微[M].北京:中国人民大学出版社,1992.
范忠信.中国法律传统的基本精神[M].济南:山东人民出版社,2001.
范忠信.中西法文化的暗合与差异[M].北京:中国政法大学出版社,2001.
冯卓慧.罗马私法进化论[M].西安:陕西人民出版社,1992.
傅兆龙.国家权力制约论[M].南京:南京出版社,1991.
高道蕴,高鸿钧,贺卫方.美国学者论中国法律传统[M].北京:中国政法大学出版社,1994.

高鸿钧.清华法治论衡[M].北京:清华大学出版社,2006.
葛兆光.中国古代思想史[M].上海:复旦大学出版社,1997.
公丕祥.法律文化的冲突与融合[M].北京:中国广播电视出版社,1993.
公丕祥.法制现代化的理论逻辑[M].北京:中国政法大学出版社,1999.
郭宝平,朱国斌.探寻宪政之路[M].济南:山东人民出版社,2005.
韩大元.亚洲立宪主义研究[M].北京:中国人民公安大学出版社,1996.
何顺果.美国史通论[M].上海:学林出版社,2001.
黄基泉.西方宪政思想史略[M].济南:山东人民出版社,2004.
黄宗羲.黄宗羲全集[M].杭州:浙江古籍出版社,1985.
黄宗羲.明夷待访录[M].北京:中华书局,1981.
季金华.宪政的理念与机制[M].济南:山东人民出版社,2004.
江必新.中国法文化的渊源与流变[M].北京:法律出版社,2003.
江山.历史文化中的法学[M].北京:法律出版社,2003.
金耀基.中国民本思想史[M].台北:台湾商务印书馆,1993.
黎靖德.朱子语类[M].北京:中华书局,1986.
李宝臣.文化冲撞中的制度惯性[M].北京:中国城市出版社,2002.
李步云.宪法比较研究文集[M].北京:中国民主法制出版社,1993.
李大钊.李大钊文集:上卷[M].北京:人民出版社,1984.
李道揆.美国政府和美国政治[M].北京:中国社会科学出版社,1990.
李捷.中华传世名著精华丛书[M].太原:山西古籍出版社,1999.
李龙.宪法基础理论[M].武汉:武汉大学出版社,1999.
李明辉.儒家视野下的政治思想[M].北京:北京大学出版社,2005.
李强.转型时期的中国社会分层结构[M].哈尔滨:黑龙江人民出版社,2002.
李强.自由主义[M].北京:中国社会科学出版社,1998.
梁启超.饮冰室合集[M].北京:中华书局,1989.
梁漱溟.东西文化及其哲学[M].北京:商务印书馆,1999.
梁治平.法辨:中国法的过去、现在与未来[M].贵阳:贵州人民出版社,1992.
梁治平.寻求自然秩序中的和谐:中国传统法律文化研究[M].北京:中国政法大学出版社,1997.
林端.儒家伦理与法律文化[M].北京:中国政法大学出版社,2002.
刘进田,李少伟.法律文化导论[M].北京:中国政法大学出版社,2005.
刘军宁.共和·民主·宪政[M].北京:生活·读书·新知三联书店,1998.
刘军宁.市场社会与公共秩序[M].上海:生活·读书·新知三联书店,1990.
刘师培.刘师培全集(第一册)[M].北京:中共中央党校出版社,1997.
刘新.中国法哲学史纲[M].北京:中国人民大学出版社,2005.
刘作翔.法律文化理论[M].北京:商务印书馆,1999.
龙大轩.道与中国法律传统[M].济南:山东人民出版社,2004.
马小红.礼与法:法的历史连接[M].北京:北京大学出版社,2004.

马长山.国家、市民社会和法治[M].北京:商务印书馆,2002.
马作武.中国古代法律文化[M].广州:暨南大学出版社,1998.
钱福臣.美国宪政生成的深层背景[M].北京:法律出版社,2005.
钱穆.中国历代政治得失[M].北京:生活·读书·新知三联书店,2001.
秦前红.宪法变迁论[M].武汉:武汉大学出版社,2002.
清华大学思想文化研究所.世界名人论中国文化[M].武汉:湖北人民出版社,1991.
瞿同祖.瞿同祖法学论著集[M].北京:中国政法大学出版社,1998.
瞿同祖.中国法律与中国社会[M].北京:中华书局,2003.
施治生.古代民主与共和制度[M].北京:中国社会科学出版社,1998.
司马迁.史记[M].北京:中华书局,1982.
苏力.法治及其本土资源[M].北京:中国政法大学出版社,2004.
孙国华.法学基础理论[M].天津:天津人民出版社,1986.
孙秋云.文化人类学教程[M].北京:民族出版社,2003.
唐甄.潜书[M].北京:中华书局,1963.
汪晖等.文化与公共性[M].北京:生活·读书·新知三联书店,1998.
汪子嵩.希腊哲学史[M].北京:人民出版社,1993.
王立民.中国法学经典解读[M].上海:上海教育出版社,2001.
王立民.中国法制史参考资料[M].北京:北京大学出版社,2006.
王人博.宪政的中国之道[M].济南:山东人民出版社,2004.
王人博.宪政文化与近代中国[M].北京:法律出版社,1997.
王人博.中国近代的宪政思潮[M].北京:法律出版社,2003.
王世杰,钱端升.比较宪法[M].北京:中国政法大学出版社,1997.
王亚馥,戴灼华.遗传学[M].北京:高等教育出版社,1999.
王怡.宪政主义:观念与制度的转捩[M].济南:山东人民出版社,2006.
魏晓阳.制度突破与文化变迁[M].北京:北京大学出版社,2006.
吴敬琏.市场经济的培育和运作[M].北京:中国发展出版社,1993.
吴湘文.西方法思想史[M].长春:吉林人民出版社,1989.
武树臣.中国传统法律文化[M].北京:北京大学出版社,1994.
武树臣.中国传统法律文化辞典[M].北京:北京大学出版社,1999.
夏勇.法治源流[M].北京:社会科学文献出版社,2004.
谢晖.规范选择与价值重建[M].济南:山东人民出版社,1998.
谢维雁.从宪法到宪政[M].济南:山东人民出版社,2004.
徐学聚.国朝典汇[M].北京:书目文献出版社,1996.
徐忠明.思考与批评:解读中国法律文化[M].北京:法律出版社,2000.
许崇德.宪法与民主政治[M].北京:中国检察出版社,1994.
严春友.文化全息论[M].济南:山东人民出版社,1991.
严复.严复集:第一册[M].北京:中华书局,1985.

杨鹤皋.中国古代法律思想论集[M].北京:中国政法大学出版社,2003.
杨鸿烈.中国法律思想史[M].北京:商务印书馆,1936.
杨家骆.戊戌变法文献汇编:第二册[M].台南:鼎文书局,1973.
杨人楩.世界史资料丛刊初集·罗马共和国时期:上[M].上海:三联书店,1957.
叶光大.贞观政要全译[M].贵阳:贵州人民出版社,1995.
应克复,金太君,胡佳胜.西方民主史[M].北京:中国社会科学出版社,1997.
余其宗.中国文学与中国法律[M].北京:中国政法大学出版社,2002.
余英时.中国思想传统的现代阐释[M].南京:江苏人民出版社,1998.
俞荣根.道统与法统[M].北京:法律出版社,1998.
俞荣根.儒家法思想通论[M].南宁:广西人民出版社,1999.
喻中.法律文化视野中的权力[M].济南:山东人民出版社,2004.
张岱年,方克立.中国文化概论[M].北京:北京师范大学出版社,1994.
张分田.中国的帝王观念[M].北京:中国人民大学出版社,2004.
张凤阳,等.政治哲学关键词[M].南京:江苏人民出版社,2006.
张光直.考古学专题六讲[M].北京:文物出版社,1986.
张国华.中国社会主义法制建设的理论与实践[M].厦门:鹭江出版社,1986.
张晋藩.中国法律传统与近代转型[M].北京:法律出版社,1998.
张晋藩.中华法制文明的演进[M].北京:中国政法大学出版社,1999.
张庆福.宪法学基础理论[M].北京:社会科学文献出版社,1999.
张庆福.宪政论丛:第1卷[M].北京:法律出版社,1998.
张维青,高毅清.中国文化史[M].济南:山东人民出版社,2006.
张文显.法学基本范畴研究[M].北京:中国政法大学出版社,1993.
张友渔.张友渔文选[M].北京:法律出版社,1997.
张载.张载集[M].北京:中华书局,1978.
张枬,王忍之.辛亥革命前十年间时论选集:第3卷[M].上海:三联书店,1977.
张中秋.中国法律形象的一面:外国人眼中的中国法[M].北京:法律出版社,2002.
张中秋.中西法律文化比较研究[M].北京:中国政法大学出版社,2006.
张中秋.中西法律文化比较研究[M].南京:南京大学出版社,1999.
赵翼.廿二史札记[M].北京:中华书局,1984.
中华孔子学会.中华文化经典基础教育诵本[M].北京:高等教育出版社,2000.
周永坤.规范权力:权力的法理研究[M].北京:法律出版社,2006.
朱熹.晦庵集:卷14[M].上海:上海古籍出版社,1987.
朱熹.孟子集注:卷5[M].天津:天津市古籍书店,1988.
朱熹.朱子大全[M].北京:中华书局,1949.
朱学勤.风声·雨声·读书声[M].上海:三联书店,1994.
朱贻庭.中国传统伦理思想史[M].上海:华东师范大学出版社,2004.
庄锡昌.多维视野中的文化理论[M].杭州:浙江人民出版社,1988.

庄锡昌.文化人类学的理论构架[M].杭州:浙江人民出版社,1988.

(二)译著类

阿奎那.阿奎那政治著作选[M].马清槐,译.北京:商务印书馆,1963.
埃尔斯特.宪政与民主:理性与社会变迁研究[M].潘勤,谢鹏程,译.北京:生活·读书·新知三联书店,1997.
爱德华·考文.美国宪法的"高级法"背景[M].强世功,译.北京:生活·读书·新知三联书店,1996.
爱德华·泰勒.原始文化[M].蔡江浓,译.杭州:浙江人民出版社,1988.
邦雅曼·贡斯当.古代人的自由与现代人的自由[M].阎克文,刘满贵,译.上海:上海人民出版社,2005.
保罗·肯尼迪.大国的兴衰[M].梁于华,等译.北京:中国经济出版社,1989.
布迪,莫里斯著.中华帝国的法律[M].朱勇,译.南京:江苏人民出版社,1998.
达尔.民主理论的前言[M].顾昕翻,李学军,译.北京:生活·读书·新知三联书店,1999.
大谷孝太郎.现代中国人的精神结构研究[M].上海:东亚同文书院,1935.
戴维·米勒,韦农·波格丹诺.布莱克维尔政治学百科全书[M].邓正来,译.北京:中国政法大学出版社,1992.
戴维·米勒.开放的思想和社会[M].张之沧,译.南京:江苏人民出版社,2000.
丹纳.艺术哲学[M].傅雷,译.天津:天津社会科学出版社,2004.
道格拉斯·诺斯,罗伯斯·托马斯.西方世界的兴起[M].张炳九,译.北京:学苑出版社,1988.
狄百瑞.亚洲价值与人权[M].陈立胜,译.台北:正中书局,2003.
费正清.美国与中国[M].张理京,译.北京:世界知识出版社,1999.
弗里德里希·沃特金斯.西方政治传统:现代自由主义发展研究[M].黄辉,杨健,译.长春:吉林人民出版社,2001.
古德诺.解析中国[M].蔡向阳,等译.北京:国际文化出版公司,1998.
哈罗德·J.伯尔曼.法律与革命:西方法律传统的形成[M].贺卫方,译.北京:中国大百科全书出版社,1993.
汉密尔顿,杰伊,麦迪逊.联邦党人文集[M].程逢如,在汉,译.北京:商务印书馆,1980.
黑格尔.历史哲学[M].王造时,译.北京:商务印书馆,1959.
黑格尔.哲学史讲演录:第1卷[M].贺麟,王太庆,译.北京:商务印书馆,1983.
基佐.法国文明史[M].伊信,译.北京:商务印书馆,1993.
金勇义.中国与西方的法律观念[M].陈国平,等译.沈阳:辽宁人民出版社,1989.
柯文.在中国发现历史[M].林同奇,译.北京:中华书局,2002.

科恩.论民主[M].聂崇信,朱秀贤,译.北京:商务印书馆,1988.

肯尼斯·W.汤普森.宪法的政治理论[M].张志铭,译.北京:生活·读书·新知三联书店,1997.

勒内·达维德.当代主要法律体系[M].漆竹生,译.上海:上海译文出版社,1984.

卢梭.社会契约论[M].2版.何兆武,译.北京:商务印书馆,1980.

路易斯·亨金,阿尔伯特·丁.罗森塔尔.宪政与权利 美国宪法的域外影响[M].郑戈,译.北京:生活·读书·新知三联书店,1996.

马克思,恩格斯.马克思恩格斯选集[M].中共中央马克思恩格斯列宁斯大林著作编译局,译.北京:人民出版社,1972.

马林诺夫斯基.文化论[M].费孝通,译.北京:中国民间艺术出版社,1987.

麦基文.宪政古今[M].翟小波,译.贵阳:贵州人民出版社,2004.

麦克斯·斯基德摩,马歇尔·卡特·特里普.美国政府简介[M].张帆,林琳,译.北京:中国经济出版社,1998.

梅因.古代法[M].沈景一,译.北京:商务印书馆,1984.

莫基切夫.政治学说史:上[M].中国社会科学院法学研究所,译.北京:中国社会科学出版社,1979.

涅尔谢相茨.古希腊政治学说[M].蔡拓,译.董果良,赵振福,校.北京:商务印书馆,1991.

潘恩.潘恩选集[M].马清槐,译.北京:商务印书馆,1981.

千叶正士.法律多元:从日本法律文化迈向一般理论[M].强世功,王宇洁,译.北京:中国政法大学出版社,1997.

乔治·霍兰·萨拜因.政治学说史[M].盛葵阳,崔妙因,译.北京:商务印书馆,1986.

斯科特戈登.控制国家:西方宪政的历史[M].应奇,译.南京:江苏人民出版社,2001.

汤普逊.中世纪经济社会史[M].耿淡如,译.北京:商务印书馆,1984.

托克维尔.论美国的民主[M].董果良,译.北京:商务印书馆,1988.

瓦维林,弗法诺夫.历史唯物主义与文化范畴[M].雷永生,邱守娟,译.石家庄:河北人民出版社,1987.

维尔.宪政与分权[M].苏力,译.北京:生活·读书·新知三联书店,1997.

修昔底德.伯罗奔尼撒战争史[M].谢德风,译.北京:商务印书馆,1960.

亚里士多德.雅典政制[M].日知,力野,译.北京:商务印书馆,1978.

亚里士多德.政治学[M].吴寿彭,译.北京:商务印书馆,1983.

詹宁斯.法与宪法[M].龚祥瑞,侯健,译.北京:生活·读书·新知三联书店,1997.

佐藤功.比较政治制度[M].刘庆林,张光博,译.北京:法律出版社,1984.

(三)论文类

包万超.儒教与新教:百年宪政建设的本土情结与文化抵抗[J].北大法律评论,1998(2):

505-575.

曾宪义,马小红.中国传统法研究中的几个问题[J].法学研究,2003(3):30-42.
程华.市民社会:宪政国家的生长点[J].武汉大学学报(哲学社会科学版),2002(1):28-34.
杜钢建.法哲学与人权法[J].天津社会科学,1994(5):61-65.
杜钢建.新宪政主义与政治体制改革[J].浙江学刊,1993(1):17-21.
方朝晖.市民社会的两个传统及其在现代的汇合[J].中国社会科学,1994(5):82-102.
方潇.古代中国"天学"视野下的天命与法律价值[J].法制与社会发展,2005(6):82-93.
郭成伟,孟庆超.论"天道"观对中国传统法律的影响[J].政法论坛,2003(5):181-189.
郭道晖.论国家权力与社会权力:从人民与人大的法权关系谈起[J].法制与社会发展,1995(2):18-25.
华世平.中国传统文化中的"法治"精神[J].辽宁大学学报(哲学社会科学版),2015(5):8-12.
刘海燕,童俊,蒋海松.张伟仁:探寻中国古典法学思想[N].法制早报,2006-07-31.
刘旺洪,程乃胜.传统与现代:西方宪政运动生成的历史机理[J].法制与社会发展,2006(2):42-54.
马小红.百年中国宪政反思:兼论传统礼治的改造[J].清华法治论衡,2006(2):36-54.
马小红.论"礼治"的改造[J].清华法治论衡,2006(1):215-233.
钱大群,夏锦文.中国传统法律文化思辩[J].传统文化与现代化,1993(6):16-24.
钱福臣.宪政基因概论:英美宪政生成路径的启示[J].法学研究,2002(5):120-135.
唐永春.苏联法学对中国法学消极影响的深层原因:从马克思东方社会理论出发所作的分析[J].法学研究,2002(1):148-160.
肖海军.弘扬契约精神 推进法治建设:中国法学会比较法研究会第七届年会综述[J].比较法研究,2003(6):117-123.
熊滨.论宪政与市场经济的契合[J].中国市场,2007(39):96-97.
徐邦友.论传统中国规范公权的路径选择及其逻辑缘由[J].行政论坛,2004(1):6-10.
徐国利.宪政概念考源与辨析[J].河北法学,2005(6):10-13.
薛涌.向历史要回我们的孔子[N].南方周末,2007-02-07.
叶剑锋.中国专制主义的历史学解析[J].理论学刊,2004(11):54-56.
俞荣根.寻求"自我":中国法律思想史的传承与趋向[J].现代法学.2005(2):166-174.
羽戈.中西之争与古今之争:近代中国宪政史研究的一个视角[J].社会科学论坛,2007(1):32-53.
张晋藩.综论独树一帜的中华法文化[J].法商研究.2005(1):138-145.
赵永伟.成熟的市民社会:宪政与法治的基石[J].广西政法管理干部学院学报,2003(1):6-11.

(四)英文著作类

ALAN DAHL R. On Democracy[M]. New Haven: Yale University Press, 1998.

CAMPBELL BLACK H. Black's Law Dictionary[M]. 5th ed. St. Paul Minn: West Publishing Co. ,1979.

DUNHAM W H, WORMUTH F D. The Origins of Modern Constitutionalism[J]. Journal of Politics, 1949, 55(3):568.

GEORGE R P. Natural Law, the Constitution, and the Theory and Practice of Judicial Review [J]. Fordham L. Rev. , 2011, 69(6):2269 - 2283.

HOWARD MCILWAIN C. Constitutionalism: Ancient and Modern[M]. Ithaca: Cornell University Press, 1940.

KELLY, HINSEY A. The American Constitution, Its Origins and Development[M]. New York: W. W. Norton & Co, Inc,1983.

KROEBER A L, KLUCKOHN C. Culture: A Critical Review of Concepts and Definitions [M]. New York:Vintage Books,1952.

MINOGUE K. Politics: A very Short Introducton[M]. New York: Oxford University Press, 1995.

POLLOCK S F, MAITLAND F W. The History of English Law:Before the Time of Edward Ⅰ[J]. New York: Cambridge University Press,1923.

STUBBS W. The Constitutional History of England[M]. New York: Oxford University Press,1926.

TUNER K G, FEINERMAN J V, GUY R K. The Limits of the Rule of Law in China[M]. Seattle: University of Washington Press, 2000.

TURNER K. Rule of Law Ideals in Early China? [J]. Columbia Journal of Asian Law, 1992.

VENN DICEY A. Introduction to the Study of the Law of the Constitution[M]. 5th ed. London: Macmillon,1897.

WADE E C S, BRADLEY W. Constitutional Law and Administratibe Law[M]. London: Longman Group UK Limited, 1985.